AF451977

LE
SALON DE 1857

PAR

Eugène LOUDUN.

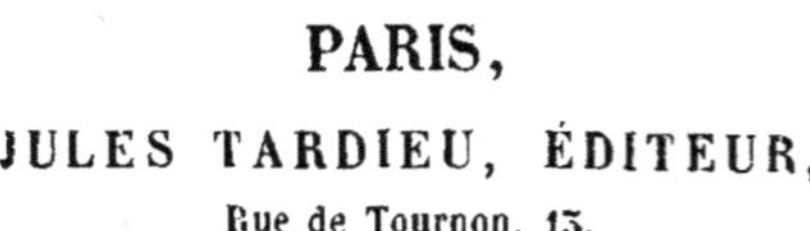

PARIS,

JULES TARDIEU, ÉDITEUR,
Rue de Tournon, 13.

—

1857

Extrait du Journal général de l'instruction publique.

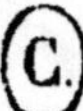

SALON DE 1857

Le Salon de 1857 a un intérêt que n'avaient pas les expositions précédentes : il est comme la suite de l'Exposition universelle. On devait être curieux de savoir quelles impressions avaient emportées nos artistes de ce spectacle inouï d'œuvres envoyées de tous les points du monde , dont plusieurs remontaient à un demi-siècle et qui représentaient le caractère et le génie de vingt nations. L'Exposition universelle a exercé, en effet, une influence considérable sur l'art contemporain, mais non pas telle qu'on l'avait pensé. Si l'on s'attendait à des modifications inspirées par les Ecoles étrangères, on s'est trompé : l'action des Ecoles étrangères, sauf de rares exceptions, a été nulle, et il devait en être ainsi : l'Exposition universelle a prouvé que, dans les arts, comme en littérature, comme en politique, la direction appartient à la France ; c'est elle qui donne le ton : les autres nations ont adopté sa manière et son style ; elle imprime le mouvement, elle ne pouvait donc être modifiée par ses imitateurs.

Et pourquoi la France occupait-elle dans l'art cette première place que nul n'osait lui contester ? C'est qu'elle avait un caractère général, impersonnel et désintéressé qui manquait aux autres nations ; quel-

ques-unes exprimaient avec vérité certaines qualités de ce siècle :
l'Angleterre, par exemple, les tendances matérielles ; l'Allemagne,
le spiritualisme jusque dans ses aspirations les plus éthérées. La
France seule représentait énergiquement et complétement les idées, les
opinions, les rêves mêmes de notre âge : avec son génie universel et
sympathique, elle avait tout compris, tout senti, elle avait tout exprimé.

Un changement important est cependant manifeste dans cette exposition nouvelle, et l'Exposition universelle n'y a pas été étrangère :
l'Exposition de 1855 avait montré dans tout son éclat et aussi avec
tous ses excès les productions de l'école artistique née vers 1825
avec le romantisme littéraire, depuis les pages dramatiques de M. E.
Delacroix jusqu'aux représentations réalistes de M. Courbet et aux
prédications socialistes de M. Glaize. On put suivre et comme toucher de la main son développement et sa décadence fatale : on ren-
dit une entière justice à ses puissantes qualités ; mais, en même
temps, on vit par quelle pente irrésistible cette Ecole, qui avait pro-
clamé la liberté illimitée de l'imagination, était rapidement descen-
due aux exagérations les plus bizarres de la fantaisie, aux utopies les
plus déraisonnables et au culte absolu de la matière : après le drame
était venu le mélodrame ; après le dédain du beau, la recherche du
laid. Cette Ecole était une école révolutionnaire : encore un peu de
temps, et l'art n'allait plus s'adresser à l'aristocratie de l'intelligence
à qui il doit s'efforcer de plaire, selon le mot de Platon, il devenait
démocratique dans le mauvais sens du mot.

Quelques années auparavant, cet enseignement eût été perdu ;
l'opinion publique n'en eût pas été frappée : les intelligences étaient
troublées par les agitations politiques, on n'eût pas compris. Mais,
au moment de l'Exposition universelle, les esprits étaient préparés :
la société venait de se rasseoir ; les principes éternels d'ordre et
d'autorité étaient reconnus comme les indispensables conditions de
toute société ; l'ordre aussi commençait à se faire dans les esprits.
On aperçut clairement les causes des chutes successives, et, le bon
sens de la France aidant, ce bon sens qui la sauve des désastres su-
prêmes, une réaction s'opéra, et, non-seulement on abandonna l'ancienne voie, mais on s'élança dans une voie nouvelle ; cette réaction,

des juges compétents (1) l'ont signalée naguère dans la littérature ; elle s'est produite également dans les œuvres de l'art. C'est là le caractère distinctif de l'Exposition de 1857.

Que résulte-t-il, en effet, d'un examen général du Salon ? On conçoit qu'il ne s'agit pas ici des maîtres, MM. H. Vernet, Flandrin, Desgoffe, Robert-Fleury, Roger, Bodinier, etc., qui, depuis longtemps, ont acquis une réputation méritée et qui reparaissent aujourd'hui avec leurs qualités brillantes ou sérieuses. On ne parle pas aussi, quel que soit leur mérite, des nombreux tableaux de circonstance ; ce n'est pas dans ces toiles qu'apparaît clairement l'esprit de l'époque ; c'est dans les sujets choisis par le peintre : là, le peintre est lui, il a pleine liberté ; il se montre comme une personnalité et un représentant de son siècle. — Les œuvres les meilleures et les plus estimées de l'Exposition appartiennent à une génération jeune, animée d'un nouvel esprit, qui accepte la règle, qui se préoccupe du style, qui respecte la tradition.

Et ce qui caractérise ces jeunes artistes, MM. Gérôme, Savinien Petit, Faivre-Duffer, Ciappori, Bouguereau, Bida, Benouville, de Curzon, Hébert, Timbal, Yvon, Matout, etc., c'est qu'ils sont des peintres classiques et aussi des peintres empreints de l'esprit moderne. Ils ont récusé les principes de la fantaisie, mais ils ne retournent pas aux errements de l'ancienne école académique : ils ont dédaigné la lettre et gardé l'esprit, ce n'est plus le nu conventionnel des Grecs et des Romains de la première république ; les sujets qu'ils traitent sont des sujets modernes, et la forme qu'ils s'appliquent à leur donner est la forme de l'éternelle et pure beauté. Il semble qu'ils aient pris pour devise l'admirable vers de Chénier :

> Sur des pensers nouveaux faisons des vers antiques !

Cette préoccupation du style, de la noblesse, de qualités longtemps dédaignées, se reconnaît même dans des œuvres moins bien réussies : l'*Inondation*, de M. Bouguereau, par exemple, est insuffisante comme reproduction du sujet, il y manque le dramatique saisissant, la désolation qui devaient être le caractère de cette scène

(1) M. Aug. Lacaussade, dans la *Revue contemporaine*.

terrible ; mais on est frappé de la noblesse des attitudes, de la consciencieuse exécution, de la largeur du style. Cet esprit nouveau est si général qu'il entraîne jusqu'à des artistes qui semblaient devoir le plus lui résister ; le *saint Jean prêchant à Ephèse*, de M. Timbal, est si loin de son *Christ montant au Calvaire*, exposé en 1855, qu'on croirait difficilement que c'est le même artiste qui l'a exécuté. M. Timbal a renié cette fausse passion mélodramatique qui se démène avec de grands gestes ; il est devenu simple et calme, son style s'est élevé à mesure qu'il s'est pénétré de son sujet : il y a dans ce tableau une certaine gravité qui atteste la profondeur du sentiment. De même M. Fromentin, chez qui l'on appréciait une brillante couleur, une véritable intelligence du ciel, du sol, des mœurs de l'Afrique, a compris qu'il lui manquait une qualité essentielle, la ligne ; ses compositions sont aussi éclatantes ; ses personnages sont mieux dessinés, on les reconnaît et on les comprend. M. Antigna, aussi, ne se contente plus de nous montrer une scène émouvante, mais par trop réelle, une *pauvre femme* tombant morte sous le poids de la fatigue ; son *Rebouteux breton* prouve une recherche d'étude, un soin du fini qui lui était inconnu. C'est un effort, et, quand il y a effort il y a progrès.

Ce n'est pas à dire qu'il n'y ait des exceptions : quelques-uns persistent dans leur ancienne voie, soit par la force d'un génie naturel qui n'admet pas de direction, soit par une obstination systématique. Parmi les premiers, un artiste des plus heureusement doués, M. Hamon, se tient à l'écart, perdu dans ses rêves gracieux et spirituels, comme enveloppé d'une atmosphère fantastique ; il n'a pas l'air de se douter qu'il vit dans le dix-neuvième siècle, et probablement il ne se soucie pas de le savoir. Mais cet isolement a ses dangers : l'homme, par lui-même, a une force très-limitée, il arrive vite à la fin de ses idées ; M. Hamon ne se donne plus la peine d'exprimer ses rêves, il les fait entrevoir à travers une gaze ; le dessin est incertain et la couleur absente : il n'a pas gagné ; s'il continue, il perdra. D'autres s'entêtent précisément parce que l'opinion publique les repousse ; plus les clameurs s'élèvent, plus ils exagèrent leurs défauts. Tel M. Courbet, et à sa suite M. Verlat et quelques autres : on se plaignait de l'ignobilité de leurs sujets et

de leurs types ; ils nous représentent des beautés populaires, endi-
manchées, et se *vautrant* sur l'herbe, ou de gros chevaux perche-
rons tirant une charrette de pavés! on ne les nomme ici que comme
contrastes : toutes les époques ont leurs protestants : dans le siècle
de l'ordre et de l'autorité par excellence, au dix-septième siècle,
n'y avait-il pas un ou deux athées? ils n'étaient pas dans le cou-
rant du siècle, ils marchaient en sens inverse, on n'en tenait pas
compte.

Maintenant, quelques mots sur la composition du salon : à peine
l'exposition était-elle ouverte, qu'on lui adressait un reproche :
« Elle était remarquable par beaucoup de jolis tableaux de genres,
mais la grande peinture, la peinture historique, était presque
nulle. » Ce reproche est injuste : la multitude des petites toiles a
ébloui ; au premier coup d'œil on a été porté à exagérer ; un examen plus attentif prouve que cette impression n'est qu'une illusion
et venge la grande peinture.

On n'insistera pas sur ces lieux communs si souvent répétés : que
les excellents tableaux d'histoire sont aussi rares que les beaux et
grands ouvrages en littérature ; que la plupart des artistes avaient
réservé leurs plus importantes productions pour l'exposition universelle, et que plusieurs années sont nécessaires pour achever de
grandes œuvres. Il y a une autre cause à cette prétendue infériorité
de la peinture historique au salon de 1857, une cause qui tient aux
mœurs et à l'état même de la société.

Depuis que l'ordre et la paix ont été rétablis, le goût des arts,
inné dans cette nation française si passionnée pour les œuvres
de l'intelligence, s'est réveillé et développé avec une force et une
ardeur toutes nouvelles. On se plaît à signaler les tendances maté-
rialistes de notre époque, on ne remarque pas le mouvement contraire qui la porte vers les sphères élevées : les plus grands succès
littéraires de ces dernières années ont été pour les livres les plus
sérieux, des livres d'histoire, de philosophie, de théologie même,
comme ceux du P. Gratry ; dans les arts, on a vu récemment quel
concours d'esprits distingués a attiré l'exposition de l'œuvre si
grave et si sincère de Paul Delaroche. Que signifie cet appel fait

aux artistes par les riches, les anciens et les nouveaux, pour décorer leurs hôtels; ces tentatives d'imitation des palais italiens, plus ou moins réussies, cela est vrai, mais inspirées par un gout épuré? Quand les galeries se sont-elles plus multipliées? Quand les rivalités ont-elles été plus vives aux enchères des œuvres des maîtres? On dira que c'est une mode : qu'importe, cette mode n'a-t-elle pas un caractère élevé? Combien qui commencent par simuler le goût des plaisirs délicats, et qui finissent par l'éprouver ! Ce goût n'était d'abord qu'une affectation, il devient ensuite naturel.

Voilà ce qui explique cette multiplicité de petits tableaux qui a tant frappé tout d'abord ; il n'y a guère que les petits tableaux que puissent acquérir les particuliers : un économiste verrait là une question de production et de consommation : on en a fait beaucoup, parce qu'on en a beaucoup demandé. De là aussi le degré de perfection où est parvenue la peinture de genre : les qualités propres au *genre* sont d'un ordre secondaire ; le métier et l'habileté ont une part plus grande dans les tableaux d'intérieurs ou de scènes familières que dans les sujets d'histoire et de religion. Aussi ces qualités s'acquièrent-elles plus facilement : il y a à l'exposition une quantité de petites toiles où l'esprit, la finesse, l'observation, l'adresse de l'exécution sont prodigués à pleines mains : ce n'est plus seulement trois ou quatre artistes connus, c'est tout une bande de jeunes peintres dont on regarde à la loupe les minuticuses mièvreries et qui sont déjà presque arrivés à égaler leurs aînés.

Mais ce succès relatif des petits tableaux n'exclue en rien la puissance et le progrès de la grande peinture : de tout temps on a élevé des plaintes à propos de la grande peinture. Déjà, en 1780, les critiques déploraient le petit nombre et le peu d'importance des tableaux historiques (1) et, pourtant, on était à la veille de voir apparaître les grandes œuvres de David, de David, qui, quelle que soit l'estime que l'on en fasse, allait régénérer l'Ecole française et lui infuser ce sang nouveau, cette sève forte et saine à laquelle les hommes de notre temps doivent en partie leur talent et leurs succès. Ces plaintes étaient cependant plus justes alors qu'aujourd'hui. C'est à l'Etat

(1) Mémoires de Bachaumont. T. XVII.

seul qu'incombe la tâche d'encourager l'art sérieux, et jamais l'État n'a accompli cette noble et difficile mission, avec autant de zèle, de suite et de grandeur. Dans le même temps qu'il restaure nos vieux monuments, nos basiliques, qu'il édifie de nouvelles églises, il achève ce Palais du Louvre qui sera le témoignage le plus durable de la puissance, de la volonté et du génie de notre époque; aussitôt, une légion d'artistes est appelée à sculpter, à ciseler, à orner, à décorer ses frontons, ses vastes salles, ses longues galeries. Depuis les siècles de Léon X et de Louis XIV, jamais l'art élevé, sévère, monumental, n'a eu un plus large champ ouvert à ses talents. On demande où sont les œuvres de MM. Ingres, E. Delacroix, L. Cogniet, Périn, Lehmann, Cavalier, Barye, etc.; ce n'est pas seulement aux Champs-Elysées qu'est l'Exposition de 1857 : Paris tout entier est une immense exposition des beaux-arts. La plupart de ces artistes accomplissent ou viennent de terminer des œuvres considérables au Louvre, au Luxembourg, à l'Hôtel-de-Ville, à Saint-Jacques-de-la-Boucherie, à Notre-Dame-de-Lorette, à Saint-Eustache, à Sainte-Clotilde, à Saint-Séverin, à Sainte-Elisabeth, à la Chapelle de la Maison des jeunes Ouvrières, fondée par l'Impératrice, etc. C'est là qu'il faut aller les chercher et les admirer.

D'ailleurs, au Salon même, la grande peinture, malgré l'absence de ces maîtres, est loin de ne pas être dignement représentée. On a déjà remarqué plusieurs compositions historiques et religieuses recommandables par les plus éminentes qualités : la *Prise de Malakoff* de M. Yvon, les grandes toiles de M. Matout destinées à l'*Ecole de médecine*, l'*Inondation* de M. Lazerges, le *Débarquement de l'armée française en Crimée* de M. Pils, l'*Invention d'une statue de la Vierge* de M. Séb. Cornu, l'*Institution de l'adoration du Saint-Sacrement* de M. Savinien Petit, la *Justice humaine et la Miséricorde divine* de M. Roger, l'*Eudore et Cymodocée* de M. Mussini, la *Fortune et le jeune Enfant* de M. Baudry, d'autres encore que nous retrouverons en avançant dans cette revue. A côté de l'Ecole française, plusieurs artistes étrangers, qu'on avait distingués à l'Exposition universelle, sont revenus avec des œuvres importantes, sachant bien qu'il n'est pas de lice plus noble que nos expositions et que c'est la France qui consacre les réputations. En voyant la verve, l'habileté, l'enthousiasme même qui éclatent dans les nombreux tableaux des héroïques combats de Crimée ; la science, l'étude consciencieuse, le sentiment de plusieurs œuvres religieuses sincèrement inspirées, et surtout ces qualités solides qui caractérisent les compositions d'une génération encore jeune : plus de calme, plus de soin, une force plus contenue, un aspect de saine maturité, on ne pourra s'empêcher de reconnaître que l'Exposition de 1857 révèle un esprit grave et élevé, atteste un progrès sérieux et présage à l'art français une période féconde et glorieuse.

L'art religieux, malgré la prétendue indifférence de ce siècle, est représenté à l'Exposition par de nombreux tableaux ; on ne doit pas s'en étonner : nul artiste de quelque valeur qui ne prétende, une fois dans sa vie, aborder la peinture religieuse ; tous sentent qu'il n'est pas de sujets où l'art se montre avec plus de sublimité et de grandeur ; l'art religieux est, aujourd'hui, comme au temps de Raphaël, l'art par excellence. Mais, au milieu de tant d'œuvres diverses, l'esprit encore troublé par les théories opposées de ces dernières années, on cherche une règle pour assigner un rang à ces compositions religieuses. Il ne s'agit pas ici de théories ; il suffit de se demander quel est le but de la peinture religieuse ? Quand vous êtes agenouillé devant un autel pour adresser votre prière à Dieu, souvent vos lèvres parlent et votre corps veille, mais votre âme lassée s'assoupit ; si vous levez alors les yeux vers le tableau placé devant vous, ce tableau ne doit-il pas vous donner une impression de foi et d'amour, continuer par une image sensible la prière un moment suspendue, et, tendant le ressort relâché de votre âme, la porter d'un nouvel et plus vif élan vers le Dieu qu'elle est venue implorer ?

Oui, tel est le but que doit poursuivre l'art religieux, porter le fidèle à la piété ; il n'y en a pas d'autre ; si le peintre n'a pas eu ce but en vue, il pourra produire une œuvre distinguée ; en la rencontrant dans une galerie, je serai le premier à reconnaître les qualités qu'il y aura déployées ; mais ces qualités seront des qualités d'exécution, l'artiste me fera admirer sa force, il ne me fera pas prier ; il n'aura pas composé un tableau religieux. Ainsi, je récuse tout d'abord comme tableaux religieux, et le *Viatique*, de M. L. Duveau, et le *Calvaire*, de M. Jobbé-Duval, et la *Pêche miraculeuse*, de M. Cartellier. M. Cartellier a de bonnes intentions; il a voulu, je crois, me donner l'impression que je demande ; mais, parce qu'il ne s'est pas assez profondément inspiré de son sujet, il n'en a pas compris l'incomparable noblesse. Je suis choqué de la vulgarité de son Christ ; non-seulement ce n'est pas là un Dieu, mais ce n'est même pas un homme supérieur ; le geste qu'il fait en tendant les bras est un geste d'une parfaite insignifiance, et qui rappelle un peu trop le dessin primitif. — M. Jobbé-Duval, lui, a tendu à un effet de fantasmagorie par de vives oppositions d'ombre et de lumière, par une couleur bleuâtre ; c'est là de la peinture romantique propre à agir sur les nerfs, mais qui n'a aucun souci de l'âme ; ce sensualisme artistique est l'opposé même du sentiment religieux.

Il en est de même du *Viatique* de M. Louis Duveau : que M. Louis Duveau ait voulu peindre une scène de la Bretagne, me représenter son sol âpre, son ciel orageux, ses costumes antiques, ses types primitifs, soit ; ce n'est plus qu'un tableau de genre, d'une grandeur un peu exagérée ; il serait injuste d'y méconnaître l'énergie de la couleur, le pittoresque de la composition, l'aspect sauvage des personnages, la vérité locale. Mais ne sent-on pas que c'est précisément l'importance donnée à ces détails qui exclue la pensée religieuse? Que représente ce tableau? Un prêtre portant le viatique à un mourant éloigné, en pleine campagne, sous un ciel sombre, tandis que la tempête siffle et gronde sur la lande vaste et nue ; le prêtre est accompagné d'hommes et de femmes, et précédé de sacristains porteurs de torches : mais il faut voir le grotesque accoutrement de ces hommes et de ces femmes ; le sacristain a une étole pendue au cou qui lui donne un air de mascarade ; le prêtre a son pantalon retroussé ; c'est la réalité brutale et qui prête à rire ; tous ces gens-là vont d'un pas précipité, luttant contre l'orage, le visage contracté et les gestes agités; ils ont l'air de marcher à l'assaut. Le prêtre, lui-même, élève le calice avec une sorte d'emportement. Le peintre a-t-il cru exprimer par cette violence l'ardeur de son zèle? Il n'a donc jamais remarqué que le visage du prêtre a une placidité particulière qui le fait partout reconnaître, quel que soit son costume? Le véritable zèle apostolique ne se manifeste pas par ces mouvements fébriles, il ne bouleverse pas les muscles ; il échauffe au dedans, et quand il agit, c'est avec force, calme et continuité.

Vous cherchez un tableau religieux : en voici un, l'*Institution de l'adoration du Saint-Sacrement,* de M. Savinien Petit. Le premier aspect étonne d'abord, il faut le dire ; les yeux sont éblouis par les vives couleurs des toiles qui l'entourent : il faut savoir que ce tableau est destiné à une église ; l'artiste a dû chercher les tons qui s'harmonisent le mieux avec la couleur pâle de la pierre, ; un tableau décoratif ne doit pas faire trou dans le mur, il doit être comme une partie intégrante de l'architecture. Cette observation faite, on n'a plus qu'à louer. Devant un autel, où est exposé le Saint-Sacrement, sont représentés les principaux saints en qui se résume l'Eglise : la Vierge, saint Pierre, saint Paul, saint Jean, la Madeleine, saint François d'Assise, saint Thomas d'Aquin ; le souverain pontificat, sous les traits de Pie IX. Et ces personnages n'ont pas seulement l'attitude et le caractère de physionomie qui les font reconnaître, tous expriment avec une force et une sincérité saisissantes les sentiments sublimes que le Christianisme a révélés au monde : vive ardeur, recueillement qui oublie tout sauf Dieu, aspiration à la vie éternelle, enthousiasme armé de l'épée, ascétisme brûlant, componction du cœur qui se repent, amour tendre, espérance illuminée ; elles sont toutes représentées ici, ces passions éthérées que la religion inspire au chrétien. Les connaisseurs loueront la netteté du dessin, la science et la simplicité des draperies, les qualités de l'exécution : ces qualités, on ne les voit qu'en second lieu. C'est la pensée religieuse qui s'empare de vous ; l'idée chrétienne s'y manifeste dans sa divine unité : l'homme régénéré par le baptême et s'élevant par l'Eucharistie jusqu'au Christ et à la gloire éternelle. Ces saints excitent dans le spectateur le même mouvement qui les agite : celui-ci encourage, celui-là console, cet autre apaise l'âme, tous la portent à Dieu. Voilà le vrai tableau religieux, il atteste la supériorité de cette noble école d'Orsel (M. Savinien Petit est un de ces élèves) pour qui l'art est un moyen, non le but, et qui ne cherche, en représentant un sujet sacré, qu'à faire plier les genoux et adorer.

C'est avec le même sentiment sincère que M. Roger a traité un sujet où l'allégorie s'allie heureusement à la religion : *La Justice humaine et la Miséricorde divine*. On reconnaît là un penseur : il n'y a pas de doute un instant ; le drame se présente à vous avec un contraste émouvant : le criminel aperçoit l'épée du bourreau qui va lui abattre la tête ; il tressaille et frémit dans une inexprimable angoisse ; mais l'ange, qui ne l'a pas abandonné, soutenant son corps fléchissant, lui montre au haut des cieux le Dieu miséricordieux, et, aussitôt, son visage se transforme, son regard s'éclaire : il passe de l'effroi à l'espoir ; l'homme frappe le criminel, et, dans le même temps, Dieu pardonne à ce coupable qui se repent. La place de ce tableau est toute trouvée ; c'est dans la chapelle funèbre des condamnés qu'il le faut placer ; là, il aidera le prêtre remplissant sa mission terrible et consolante ; il complétera sa parole parfois défaillante, et le dernier regard du misérable, avant de subir sa peine, entreverra dans cette sublime image l'avenir qui lui est assuré, l'avenir de la vie immuable et éternelle.

Bien différente est l'impression produite par le tableau de M. Breton, *la Bénédiction des blés*. Voici le temps de l'été ; le soleil éclaire d'une vive lumière la terre échauffée ; bientôt les moissonneurs, répandus dans la plaine, vont couper les blés jaunis. C'est le moment que choisit la religion pour bénir les sillons ; elle vient remercier Dieu de ses dons et le supplier de permettre à l'homme de recueillir le fruit de ses travaux ; et le peuple des campagnes, qui sait que Dieu tient en réserve les trésors des orages, se presse sur les pas du prêtre : nul n'y a manqué, et les vieillards chargés d'années, et les bruns et robustes laboureurs, et les jeunes filles en blanc, chantant de leur voix douce les naïfs cantiques ; la procession se développe et ondule dans les sentiers verts, au milieu des blés ; les bannières flottent au vent ; les chants émus, mêlés aux mille bruits de la nature, emplissent l'air de leur harmonie, et la cloche de l'église éloignée accompagne de ses sons graves et cadencés cette supplication d'un peuple vers Dieu. C'est la poésie de la religion, plus simple et non moins vraie que dans les pages brillantes de Châteaubriand : l'artiste se fait oublier : le sentiment l'a dominé ; tous sont recueillis et pieux ; ils sourient, ils espèrent, ils prient.

Voilà, il faut bien l'avouer, les œuvres qui représentent le mieux la peinture religieuse : ce ne sont pourtant pas les seules qui méritent des éloges ; plusieurs peintres, sans avoir atteint tout à fait le but, s'en sont approchés : ainsi M. Sébastien Cornu, dans son tableau l'*Invention d'une statue de la Vierge*. Si la composition un peu embarrassée ne laissait pas l'esprit hésitant, si l'attitude uniforme des personnages placés comme en lignes parallèles ne leur donnait une apparence de roideur, on serait plus frappé de l'expression des têtes, de la foi vive de ces vrais chrétiens, de l'inspiration élevée qui éclate dans ce tableau fortement conçu. De même aussi M. Mussini, dans son *Eudore et Cymodocée* ; le sujet qu'a représenté l'artiste italien est cette belle et gracieuse scène des *Martyrs* où le chrétien Eudore couvre de son manteau un esclave abandonné, en présence de Cymodocée qui s'étonne à cette action si nouvelle. Croyais-tu donc que c'était un dieu caché sous la figure d'un mortel? dit la jeune prêtresse des muses. — Non, J'ai cru que c'était un homme, répond le chrétien. Eudore, simple et naïf disciple de la doctrine du Christ, se penchant avec un zèle tendre vers le pauvre esclave qui ne comprend pas lui-même, la jeune fille déjà ébranlée, chaste image de l'humanité qui se régénère, les deux sociétés sont là face à face : d'un côté, l'inimitié des races, l'homme étranger à l'homme; de l'autre, l'égalité humaine proclamée, attestée par la charité. Un tel spectacle, même pour nous qui le voyons se répéter depuis dix-huit cents ans, attache la pensée et fait méditer. On ne rangera pas ce tableau parmi les œuvres spécialement religieuses, mais il se place immédiatement à côté par sa portée morale et son enseignement.

J'ai déjà mentionné le *saint Jean prêchant à Ephèse*, de M. Timbal ; il serait juste de citer encore quelques toiles où l'on rencontre des qualités sérieuses : le *Saint Hippolyte* de M. Pillard, ferme et consciencieuse étude ; le *Sommeil de l'Enfant Jésus*, de M. Amaury Duval, charmante tête d'enfant où se pressent le Dieu ; le *Christ consolateur*, de M. Lefébure ; la *Vierge*, de M. Lambert ; la *Reine des cieux*, de M. Ittembach, etc. Mais, avant de terminer cette rapide revue des tableaux religieux, on ne peut ne pas signaler un dessin d'une conception originale, et qui tend à introduire dans l'art français quelque chose de l'esprit allemand. La *Voie des douleurs*, de M. C. Ciappori, est une composition symbolique où se

développe le *cycle entier des souffrances de l'humanité*. Ce n'est
pas une revue telle que l'ont tentée quelques artistes de notre
temps dans un but panthéiste ou sceptique, et propre seulement à
inspirer l'horreur et le désespoir. Une autre pensée domine le tableau, l'idée chrétienne qui, seule, donne le vrai sens des souffrances
de l'humanité, parce que seule elle en dévoile le principe et la fin :
l'humanité, dès ses premiers pas, est tombée et a été asservie par le
péché ; elle se relèvera et se rachètera, mais par le sacrifice, par
le sacrifice sanglant. Voilà la pensée de l'auteur, et pour l'exprimer, il nous déroule l'histoire de l'Ancien et du Nouveau Testa-
ment, depuis Abel, le premier juste dont la terre but le sang, jusqu'au
Christ, l'histoire entière de l'Eglise représentée dans ses types historiques les plus touchants et les plus glorieux. Or, ce qui frappe dans
cette œuvre, ce n'est pas l'abondance des idées, c'est l'unité que le
peintre a prétendu donner à tant d'éléments divers : tout se tient par
un lien invisible ; personnages et emblèmes se complètent l'un l'autre. Les parties ne sont rien si l'on ne saisit pas la pensée d'ensemble ; un coup d'œil ne suffit pas ; il faut chercher et faire un effort
de l'esprit pour comprendre. Le spectateur français s'étonne d'a-
bord, il est prêt à se rebuter ; il n'est pas habitué à ces œuvres
complexes, il lui semble voir une composition allemande ; elle est
trop logique. C'est là à la fois un éloge et une critique : le jeune artiste a rêvé un sujet immense. Cette première composition doit, dit-on,
être suivie de plusieurs autres qui la compléteront. Aussi n'a-t-il pu
encore que l'indiquer ; pour un tel sujet, un dessin ne suffit pas, il
faut un tableau ; l'idée est trouvée, qu'il l'exécute. Il possède, son
carton l'atteste, une science et une préoccupation du style que dédai-
gnent les Allemands : qu'il s'applique maintenant aux qualités de
sentiment, qu'il se pénètre des passions qui doivent animer les re-
présentants de la souffrance, de la foi, des aspirations infinies, qu'il
les rende saisissantes pour tous ; alors ce ne sera plus seulement ce
symbolisme trop souvent aride et demeuré à l'état de théorie chez
les Allemands, ce sera de la vraie peinture religieuse, remplissant
son unique but qui est, non de frapper l'intelligence, mais d'émouvoir
le cœur.

Entre les tableaux d'histoire , les *batailles* se présentent en première ligne : la guerre de Crimée, comme on devait s'y attendre, a inspiré les artistes français. Glorieux combats, actions héroïques, stoïques dévoucments , sentiment de l'honneur, foi religieuse s'alliant à la bravoure, vertus civiques et guerrières, tout a été réuni à la fois pour faire de l'armée française l'objet de l'admiration du monde ; les jalousies nationales se sont tues ; un applaudissement universel a éclaté : la France reparaissait en Orient, terrible, irrésistible comme en 1798, noble, généreuse comme dans les croisades ; elle avait les qualités sublimes des soldats de Bonaparte et des chevaliers de saint Louis. Nos artistes étaient plus aptes que tous autres à peindre cette iliade française : nons aimons la guerre; ses coups hardis, son dévoucment désintéressé vont à notre génie. A mesure qu'arrivaient ces bulletins de victoire qu'on lisait si avidement, ils étaient jetés tout vivants sur la toile. Aussi, cette galerie nombreuse de tableaux de batailles est-elle une des meilleures parties de l'Exposition ; il n'en est pas un, pour ainsi dire, qui soit tout à fait médiocre.

C'est une histoire complète : ici, c'est M. Pils qui nous fait assister au *Débarquement de l'armée*, dans une page mouvementée, pleine de groupes agencés avec goût, nettement caractérisés, et où la vérité a du charme : on les reconnaît et on les nomme ces officiers, ces généraux qui vont tout à l'heure immortaliser leurs noms : cette armée a un air de force et de jeunesse qui donne plein espoir ; elle doit triompher. Là, c'est la *Bataille de l'Alma*, de M. Horace Vernet, une bataille décrite, disposée avec la science stratégique d'un général : un vaste panorama se développe devant vous ; d'un coup d'œil vous saisissez l'ensemble du combat, vous voyez le point de départ, vous suivez le mouvement des troupes, vous apercevez le but.

Vous voilà devant Sébastopol, M. Durand-Brager vous fait d'abord reconnaître le terrain, la ville, les batteries, les camps, les embuscades, en des toiles d'une habileté qui ne le cède qu'à l'exactitude ; et alors s'ouvre la longue série des travaux, des luttes, des souffrances de ce siége de onze mois où il s'est livré autant de combats que dans les dix années du siége de Troie. Rien n'y est oublié, et

le *Dévouement des chirurgiens français* dans la toile expressive de
M. Rigo, et le zèle et le courage des prêtres, dans le tableau de
M. Tabar, l'*Aumônier* blessé rapporté sur les épaules de soldats
respectueux et reconnaissants, et le *Devoir*, simplement, patiemment
accompli dans cette page de M. Protais, qui nous montre ces rudes
soldats, la nuit, dans la tranchée, les jambes dans l'eau, écoutant
les pas sourds de l'ennemi qui s'approche. Quant aux batailles, elles
y sont toutes et souvent plusieurs fois représentées, et Traktir, et
Inkermann, et le mamelon Vert, et Malakoff, etc. On ne peut tout
décrire ; presque toutes ont droit à une mention : qu'on regarde
particulièrement les toiles de MM. Protais, Bellangé, Duvaux. Dans
ses *Embuscades* M. Bellangé est presque aussi habile que M. Horace
Vernet ; la *Bataille d'Inkermann*, de M. Protais, est traitée trop largement, comme une esquisse, mais chaleureuse et animée. L'épisode
de la *Prise de Malakoff*, de M. Jules Duvaux, est un peu sombre,
mais quels épisodes vrais et bien saisis ! comme il comprend le
soldat, comme il l'aime, pourrait-on dire ! Aussi le traite-t-il en digne
élève de Charlet. C'est une verve, une fougue qui vous entraîne et
vous soulève ; on court à l'assaut avec ces soldats à qui rien ne
résiste ; il semble que ces peintres ont une baïonnette au bout de
leur pinceau ; ils peignent comme ils se seraient battus ; jamais le
tableau de bataille ne parut un genre plus éminemment français.

Mais le tableau qui attire le plus l'attention, et par l'action qu'il
représente, et par le talent qui y est déployé, c'est la *Prise de la
tour Malakoff*, par M. Yvon. La prise de Malakoff a été le plus
haut fait d'armes du siége de Sébastopol ; le tableau devait être la
page la plus éclatante de cette histoire. Le peintre que l'on a en-
voyé en Crimée avait, dans le caractère de son talent, quelques-
unes des qualités de l'illustre général qui a attaché son nom à ce
suprême triomphe, la force de volonté, la fermeté, l'énergie, et, il
faut le dire tout de suite, l'historien a été à la hauteur de son sujet.
Oui, la voilà dans toute sa vivacité, son emportement, sa furie, cette
lutte suprême où deux armées se choquent et s'étreignent, l'une
exaltée par le sentiment de son salut, l'autre animée par cet enthousiasme, cette foi en soi-même propre au soldat français et qui
ressemble à l'inspiration du génie : voilà devant nous les obstacles

qu'il a fallu vaincre, la *résistance des ennemis, l'effrayante disposi-tion des lieux, ces inaccessibles hauteurs*, indiquées déjà et comme entrevues par Bossuet dans son *Oraison funèbre de Condé ;* d'un bond, les Français sont arrivés au milieu de l'ennemi, et là se livre une lutte corps à corps, un combat acharné; les Russes se défendent avec toutes les armes qu'ils trouvent sous leurs mains, avec des haches, des écouvillons, des fragments de projectiles : le peintre n'a pas hésité à montrer cette vaillante défense, non-seulement parce que c'était la vérité, mais parce qu'il savait bien qu'en re-présentant si braves les vaincus il grandissait les vainqueurs. Ces ennemis sont dignes des Français ; on se rappelle le mot du grena-dier de Napoléon à l'empereur Alexandre : « Que pensez-vous de soldats qui font de telles blessures? -- Ceux-là sont morts! » Mais c'en est fait, les Russes déjà vaincus se précipitent en bas, en vain les chefs arrêtent quelques-uns de leurs soldats épouvantés ; les zouaves, comme un débordement vivant, ont envahi la tour, mon-ceau de ruines ; ils emportent tout, ils ont littéralement les yeux hors la tête ; il y a de la rage ; les officiers s'élancent en avant, les clairons sonnent la charge, la fumée monte dans l'air, les éclats de mitraille volent, et tout en haut, enfonçant dans le sol le drapeau de la France aux plis déchirés, apparaît un jeune soldat, anobli et transfiguré par la poésie de la bataille, et qu'Homère eût comparé à un demi-dieu.

Et tandis que rugit cette tempête humaine, au loin, par delà les mamelons et les ravins, s'étend l'horizon immense, au fond fuient les collines bleues ; là bas c'est le calme et le silence.

Telle est cette vaste toile, dans laquelle une composition savante fait comprendre nettement l'action; on la saisit d'abord dans son ensemble, les épisodes viennent ensuite. Dans l'emportement de sa verve, l'artiste a su ménager même les détails repoussants ; on les découvre à peine, les guerriers tombés sous le fer, les cadavres que peint le poëte antique d'un trait sauvage : *plus agréables aux vautours qu'à leurs épouses* (1). Un air ardent souffle sur ce champ de bataille, on en est comme enivré ; le sentiment que l'on éprouve

(1) Homère. Iliade. l. **XI**.

est à la fois un sentiment de terreur et d'admiration. Le tableau de M. A. Yvon qui, depuis plusieurs années, a toujours été en progressant, est la composition la plus puissante du Salon, et il prendra dignement place, au musée de Versailles, à côté des œuvres des maîtres.

Après la guerre de Crimée, ce sont les inondations qui ont inspiré le plus de tableaux. Il y avait là un double intérêt : les désastres déplorables, immenses, produits par une des plus terribles catastrophes qui aient désolé notre patrie, et la généreuse bonté de l'Empereur qui, dès la première nouvelle, part, n'écoutant que son cœur, et se présente aux populations, leur apportant à la fois l'or qui doit relever les ruines et cette sympathie chaleureuse, spontanée, qui vaut mieux que l'or, parce qu'elle montre aux peuples, dans le souverain, l'image de la Providence de Dieu sur la terre. On sait le vieux mot français : *si le roi le savait!* Dans la misère, dans l'injustice, c'est comme un instinct qui fait se tourner le Français vers le trône. Cette fois les peuples n'ont pas même eu le temps de jeter ce cri qui implore le secours suprême. Déjà l'Empereur est parti, il est au milieu d'eux! Tout n'est pas désespéré ; au contraire, tout va se réparer!

On comprend les difficultés d'un tel sujet : il fallait montrer les ruines accumulées, les digues emportées, les fleuves débordés couvrant les campagnes, les villes assaillies par les eaux fougueuses, ouvertes en larges brèches, les rues, les places inondées, les maisons renversées, et, malheur plus grand que toutes ces pertes matérielles, car il est irréparable, les morts saisis, emportés par le torrent, parmi les clameurs désolées des peuples qui lèvent leurs yeux et leurs bras vers le ciel. Mais aussi il fallait faire voir l'Empereur accouru pour consoler et secourir ces malheureux ; et dans l'Empereur pour ainsi dire deux personnes et des sentiments qui semblent contraires : le monarque, avec la volonté calme et forte, la dignité, la majesté propres à la souveraine puissance, qualités inséparables du rang suprême ; puis l'homme qui, à la vue d'un désastre si soudain, si inattendu, si complet, de ces femmes, de ces enfants pressés en larmes autour de lui, reçoit le contre-coup de ces souffrances, et, ébranlé jusque dans le plus profond du cœur, ne peut répandre l'or et tendre ses mains que l'on embrasse sans que des pleurs jaillissent de ses yeux.

Plusieurs artistes ont traité ce sujet complexe ; mais presque tous semblent n'en avoir vu qu'une partie ; ils n'ont eu qu'une impression d'un seul côté, comme disent les Allemands. Celui-ci n'a vu que l'Empereur, celui-là l'inondation, cet autre le peuple : tout y est, mais séparé. C'est le génie ou la position particulière du peintre, non le sujet, qui a déterminé le point de vue. Ainsi, M. Moullin est un artiste d'Angers : il a été témoin de cette inondation qui, en peu de jours, couvrit la vaste campagne et changea la plaine en une mer, semée çà et là de villages semblables à des îles, d'où ne montaient que des cris d'effroi. C'est cette scène qui l'a frappé, et c'est celle qu'il me fait voir : Je me figure bien ainsi, en effet, le fleuve démesurément élargi, verdâtre, emportant dans ses eaux les meubles, les chariots, les arbres, les animaux et les hommes, et sur les bords les populations consternées. Il a peint ce qu'il a vu de ses yeux, l'aspect général, le paysage, les eaux, les débris, le désastre matériel. Mais l'Empereur où est-il ? Dans cette grande toile, je le cherche ; ce n'est qu'à la fin que je le découvre dans un petit coin. La catastrophe a pris toute la place ; il n'y en a plus eu pour la générosité de l'homme, la magnanimité du souverain.

M. Bouguerau, au contraire, a composé son tableau tout autrement ; il est un ancien grand prix de Rome, il se préoccupe de la beauté des lignes, de la noblesse des attitudes. C'est sur l'Empereur et le groupe qui l'entoure que se porte l'attention. Le peintre a rendu avec une fermeté pure et précise, la majesté, la bonté attendrie, la volonté calme, ces qualités propres au souverain dont je parlais tout à l'heure ; le dessinateur savant, l'artiste nourri des traditions de l'antiquité se reconnaît dans les poses, nobles sans recherche et dramatiques sans trivialité, de ces femmes du Midi qui tombent à genoux devant le prince, lui tendant les bras comme à leur père. Mais les désastres de l'inondation, les ruines amoncelées, ce désordre produit par une catastrophe qui a bouleversé la terre et les eaux, qui a poussé hors de leurs maisons les hommes éperdus, où tout cela est-il? Comment m'imaginer une catastrophe aussi effroyable devant cette toile si propre, si nettement brossée, en présence de ces femmes si parfaitement habillées de leurs habits du dimanche, si pimpantes, et qui n'ont oublié de fixer ni un pli de leur coiffure, ni une épingle de leur mouchoir? Au tableau de M. Moullin il manquait l'Empereur, à celui de M. Bouguereau il manque l'inondation.

Quant à M. Antigna, on connaît son talent dramatique et populaire. Il sait peindre avec une émotion poignante les scènes réelles, les passions, les souffrances de la misère, dans la toile intitulée *Méfiance*, par exemple, ou dans cette *pauvre femme* qui tombe un soir d'hiver, épuisée sous le faix, pour ne plus se relever. Puis, de ces scènes dont il a rapporté la vive image après une visite dans quelque sombre quartier de la grande ville, et qu'il a jetées sur la toile avec une vérité crue, il se tourne comme pour se consoler vers un groupe d'enfants roses aux cheveux blonds; il les couronne de fleurs des champs, il lie leurs petites mains, et petits garçons et petites filles tournent, emportés dans une folle ronde, en plein soleil, et jetant dans les airs des cris perçants.

Eh bien! comme il représente ce peuple et ces enfants, de même il a représenté la scène d'inondation d'Angers. Ne regardez pas l'Empereur, les généraux, les autorités; ce n'est pas là ce qui l'a frappé : ces costumes officiels le gênaient. Mais les ouvriers, ces ardoisiers d'Angers qui, quelques mois auparavant, abusés par de coupables ambitions, s'étaient laisser entraîner à la révolte, et tout à coup voient venir à eux, parmi eux, l'Empereur, sans gardes, avec un regard doux et ouvert, comme un ami ou comme un hôte; ces ouvriers étonnés, maîtrisés à leur insu, hésitant d'abord, puis emportés par la force de la vérité, s'abandonnant à la franche nature du peuple et accueillant le souverain confiant avec d'enthousiastes acclamations; voilà ce que M. Antigna nous fait voir à merveille; puis ces petits enfants, ces enfants qu'il aime tant, accourent joyeux et naïfs, agitant aussi leurs petits bras et enflant leurs petites voix. L'inondation n'a été qu'un prétexte pour le peintre; ce qu'il en a montré, c'est le côté populaire.

Le seul tableau d'inondation, vraiment complet, c'est celui de M. Lazerges, l'Empereur à Lyon. Et, d'abord, le peintre n'a pas pris de son sujet une seule partie ou un épisode isolé, il l'a pris par le milieu : c'est à Lyon que je suis, dans une rue de Lyon d'où les eaux ne se sont pas encore retirées, et où pendent, des deux côtés, les pans de murs à demi écroulés ; partout des maisons éventrées, des toits crevés, des débris de toutes sortes arrachés à la hâte ou délaissés par les eaux ; la désolation est complète : cette ville est en ruines, un fléau a passé là et y a marqué sa trace. Hier encore ces grands hôtels étaient debout ; je vois encore dans les maisons ouvertes comme par des boulets, ici les tentures de soie et les meubles dorés, là les enseignes à demi effacées au-dessus des boutiques vides, et les métiers qui ne battent plus : et, parmi ces ruines, une foule immense se presse, hommes de tout rang et de tout âge, ouvriers en costumes de travail, femmes du peuple portant leurs enfants sur leurs bras, blessés étendus sur les matelas souillés de fange, mariniers travaillant au sauvetage dans les rues transformées en canaux ; cette population pâle, harassée, désolée, est en harmonie avec la désolation de ces maisons écroulées. Mais, pourquoi cette foule sur un seul point, dans la rue, aux fenêtres, montée sur les charpentes entassées jusque sur les toits ? C'est que, au milieu d'elle, arrive l'Empereur : pâle aussi à ce spectacle émouvant, il s'avance au petit pas de son cheval, à travers ces décombres, et, tandis qu'il distribue l'or à toutes ces mains tendues, son regard s'attendrit en contemplant tant de misères et de douleurs. Et ce peuple, si violemment frappé, oublie en ce moment son malheur ; ce souverain, qui lui témoigne une bonté compatissante, lui inspire à la fois la confiance et l'espoir, l'enthousiasme et la reconnaissance.

M. Lazerges était plus propre qu'un autre à exprimer ces sentiments élevés et touchants. Dans cette multitude agitée il a jeté des groupes charmants et qui font sourire, les mères rassérénées et les petits enfants qui ignorent. De loin apparaissent quelques rudes ouvriers autrefois ennemis, attirés par un intérêt qu'ils ne s'expliquent pas, et dont les visages contractés peu à peu se détendent à la vue d'un prince qui se montre si généreusement homme ; on voit, pour ainsi dire, tomber les vieilles préventions et s'apaiser les ressentiments. Le tableau de M. Lazerges n'est pas seulement le plus complet, il est, de l'assentiment des artistes et du public, le meilleur de tous les tableaux d'inondation.

On a dû parler, en premier lieu, des Batailles et des Inondations, parce que, dans ces sujets de notre histoire d'hier, il y a un attrait puissant qui les fait d'abord regarder. Mais, en dehors des faits contemporains, faut-il considérer comme des tableaux d'histoire ces *Michel Ange*, ces *Raphaël*, ces *Poussin*, ces *Othello*, de MM. Bénouville et Cabanel, dans lesquels l'un est représenté recevant une visite du Saint Père, l'autre apercevant, pour la première fois, la Fornarina; celui-ci trouvant la composition d'un de ses tableaux en se promenant au bord du Tibre, celui-là racontant son histoire à Desdémone? Qu'on nous les donne pour de jolies scènes à la Walter-Scott, traitées parfois avec noblesse, mais le plus souvent avec une familiarité légère (regardez, par exemple, le *Poussin*, de M. Bénouville; le geste de l'enfant qu'on baigne dans le fleuve est d'un naturel qui touche au grotesque, il rappelle certaines caricatures de Daumier) ; qu'on les appelle des épisodes de roman historique, soit; mais il n'y a rien là de grand, rien qui donne une impression généreuse, qui élève l'âme : la rencontre de la Fornarina peut être regardée comme un bonheur par un artiste, mais non comme un enseignement: on a droit d'attendre davantage d'anciens grands prix de Rome : cela ressemble trop à l'*illustration* ; ce n'est pas l'histoire, c'est l'anecdote. Le tableau d'histoire, comme l'histoire écrite, c'est la représentation avec gravité, dignité, élévation, d'une action qui caractérise un homme, une époque, un événement.

Ainsi l'a compris un maître depuis longtemps illustre, M. Robert Fleury, dans son *Charles-Quint au couvent de Saint-Just*. On voit tout de suite qu'il a choisi un sujet qui devait inspirer les réflexions les plus sérieuses; il l'a lui-même longuement médité, il a fait passer ses personnages devant lui, il a cherché à s'en faire une idée exacte; ce n'est qu'après qu'il les a bien connus qu'il les a mis en scène. Ce n'est pas là, il faut le dire, l'histoire idéalisée, conçue comme un poëme et traitée avec un enthousiasme épique, comme les batailles de Gros; c'est l'histoire peut-être plus vraie, et cette vérité n'exclut pas la grandeur. M. Robert Fleury a voulu peindre Charles-Quint au moment où il reçoit un message de son fils Philippe II qui le supplie de quitter sa retraite pour lui donner ses conseils. Le lieu de la scène est une vaste salle grave et austère; au milieu, l'empereur attire d'abord le regard : on voit un homme qui se repose d'une longue vie, mais qui n'est pas abattu; son geste simple, en recevant le message qu'un officier lui présente à genoux, révèle la majesté royale et l'habitude du commandement. Que décidera-t-il? Quelles impressions traversent son âme? En vain, les seigneurs groupés autour de lui l'examinent curieusement; nul ne saurait le dire : son visage est impassible, son regard ferme et calme; c'est le même homme qui osa venir à Paris visiter son ennemi, et qui ne dit pas un mot, ne fit pas un acte par où on le pût pénétrer, et partit avec sa pensée et son secret. Un tel personnage n'a pas besoin d'être idéalisé; il suffit de le montrer tel qu'il fut : il n'a pas la poésie brillante des chevaliers du moyen âge, comme François Ier, il a la force dure et positive d'un homme d'Etat moderne, comme Richelieu. Voilà ce que l'on voit, ce que l'on sent en présence du tableau de M. Robert Fleury. Du reste, l'exécution est digne de la conception ; l'air circule dans cette vaste salle, la couleur est harmonieuse et chaude ; jamais l'artiste ne composa une scène avec plus d'habileté, ne dessina plus nettement les caractères de ses personnages : il en est un surtout, placé derrière l'empereur, qui frappe par sa physionomie railleuse : froid et hautain, il juge son ancien maître, et il sourit d'un air de dédain en regardant ce souverain des deux mondes qui, de son propre mouvement, a abandonné l'empire : évidemment, ce monarque tant vanté n'était pas si grand qu'on l'avait pensé.

Quelques-unes de ces qualités sérieuses, vérité des caractères, expression des physionomies, que l'on admire dans l'œuvre de M. Robert Fleury, se retrouvent dans le *Christophe Colomb* de M. Maréchal. On regrette, il faut bien l'avouer, qu'il y ait ici absence de noblesse; Christophe Colomb a un air abrupt et grossier qui le fait plus ressembler à un paysan qu'au pacifique conquérant d'un monde. Mais, dans l'attitude de l'homme de génie méconnu, insulté, enchaîné (le pilote confus d'un traitement si indigne voulut lui faire ôter ses fers; Colomb refusa; il fallait que le roi d'Espa-

gne les vit attachés à ses pieds ; dans son regard profond et vo-
lontaire, on lit tout son caractère, la fermeté, la persistance, la
perspicacité : elles sont visibles) aussi, les passions qui se pressent
tumultueusement dans son âme, la désillusion, l'indignation et surtout cette tristesse amère des grandes âmes devenues le jouet des
petits esprits qui s'acharnent à les humilier. Cette énergique figure
est peinte au pastel avec une puissance qui n'appartient qu'à
M. Maréchal, et l'on ne s'aperçoit même pas de l'insuffisance du pro-
cédé, tant l'effet est saisissant.

Cette belle figure de Colomb a, d'ailleurs, inspiré un autre bon
tableau : le *Christophe Colomb demandant l'hospitalité à la porte
d'un couvent*, de M. Mérino. A la dignité des manières de cet inconnu, à son air grave, à la noblesse de son geste, les moines comprennent, et le public avec eux, que cet homme n'est pas un homme
vulgaire ; c'est un grand seigneur ou un grand esprit. Pour choisir
un sujet aussi simple et produire cependant une impression élevée,
il fallait avoir le sentiment de la vraie grandeur. Ce tableau est un
bon début d'un jeune peintre.

D'autres jeunes gens, récemment revenus de Rome, attirent et méritent l'attention par des œuvres où les défauts de la jeunesse sont
unis à des qualités déjà solides : MM. Baudry et Rod. Boulanger.
M. R. Boulanger n'a pu concevoir *Jules César prêt à passer le Ru-
bicon* sans exagérer l'homme : la mise en scène est théâtrale ; César
passe avec une certaine emphase mélodramatique ; il est moins fort
que grandiose ; l'on dirait que c'est un conspirateur italien et non
l'homme de génie qui voit d'un même temps l'avenir de sa fortune,
de la république et du monde ; ces défauts sont propres à l'âge de
l'auteur, à qui la puissance romaine apparaît avec des proportions
presque surhumaines ; mais on peut déjà voir dans cette toile la recherche de la pensée, une inspiration philosohique et une imagination
abondante qui, en se réglant, se fortifiera. M. Baudry, de son côté,
a représenté la scène du *supplice d'une Vestale* avec quelque confu-
sion ; il n'a pas encore acquis cette science de composition qui met
chaque personnage en son lieu ; mais là aussi on découvre des figures de l'expression la plus passionnée et la plus pathétique ; on ne
peut regarder quelques-uns de ces personnages sans frissonner et

sans les plaindre ; son portrait de M. Beulé atteste l'esprit d'observation et une vive intelligence du caractère du modèle ; et, si à ces
qualités de pensée on joint les qualités d'exécution si remarquables
de *La Fortune et le jeune Enfant*, grâce charmante, beauté des
formes, couleurs harmonieuses, (tout en tenant compte de quelques
réminiscences, souvenir involontaire des maîtres vénitiens), on re-
connaîtra que peu de jeunes peintres ont un fond plus riche et font
mieux présager de leur avenir.

Les plus grandes toiles de l'Exposition, avec la *Bataille de Malakoff*, de M. Yvon, sont les compositions de M. Matout, destinées à
l'amphithéâtre de l'Ecole de médecine : *Lanfranc, chirurgien du
treizième siècle* et *Desault, chirurgien du dix-huitième;* la troi-
sième, *Ambroise Paré*, a été exposée avec grand succès en 1853.
Un cours de chirurgie devant des étudiants, une clinique au lit
d'un patient immobile sur son lit de douleur, certes, ces sujets
n'ont rien de fort attrayant pour le public ; ajoutons qu'ils semblent peu propres à inspirer vivement un artiste. Et, pourtant,
dans l'histoire de la science, quoi de plus considérable qu'une
opération capitale, entreprise pour la première fois, qu'un enseignement public, pour la première fois aussi ouvert dans cette
Université de Paris, qui déjà était la première de l'Europe ! Ce n'est
pas une imagination fougueuse et emportée, c'est une pensée forte,
appliquée, sérieuse, qui pouvait comprendre et rendre la haute portée de ces graves sujets ; l'artiste avait ces qualités ; il s'est montré là
philosophe ; son *Desault* surtout témoigne une maturité saine, d'une
pensée sûre d'elle-même : le chirurgien vient d'accomplir cette
opération qu'il combinait depuis longtemps dans sa tête ; lui aussi,
il a trouvé : le savant comme l'artiste connaît l'enthousiasme, un
enthousiasme moins ardent, plus contenu, mais aussi spontané ;
en indiquant d'un geste naturel et vrai à ses élèves l'opération
réussie, une noble satisfaction éclaire son visage ; il leur explique
ses moyens : il leur découvre les résultats , la science a fait un pas
de plus, un bienfait est acquis à l'humanité : un tel spectacle, s'il a de
l'austérité, a sa grandeur ; aussi ces jeunes gens en sont-ils touchés ;
leur attitude, leurs regards, leur physionomie attentive et méditative
sont d'accord avec la parole du maître. L'artiste qui, d'une main

énergique et savante, a exécuté ce tableau simplement et largement conçu, a le sentiment de la peinture d'histoire ; il est capable
de la traiter avec dignité et vérité, sans fausse grandeur comme
sans déguisement.

Enfin, après avoir indiqué le *Mélitus* de M. Mottez, qui se recom-
mande par une tendance morale, l'énergique et rude *Combat des
trente*, de M. Pedguilly, où les chevaliers du quatorzième siècle apparaissent si terribles et si robustes qu'ils donnent une fière idée de
la force de l'homme au moyen âge ; et avant de finir cette revue des
tableaux d'histoire, il est encore un tableau qu'il faut signaler et
devant lequel on s'arrête en silence , la *Marie-Antoinette à la
Conciergerie* , de M. Muller. La reine prisonnière va prendre son
repas, qui sera peut-être le dernier ; debout près de la table , les
cheveux blanchis, pâlie par les souffrances , elle joint les mains
et lève au ciel ses yeux qu'ont rougi les larmes , au ciel où déjà
est le premier martyr de cette famille de martyrs. Et, contraste pris
dans le sujet, le geôlier qui vient de la servir s'arrête à la considérer, et, en face de cette douleur, de cette résignation, de cette
grandeur déchue, un trouble secret et inconnu le pénètre ; il n'est
pas encore attendri, il doute, et ce doute déjà est une réparation
qui commence, une lueur de la justice de l'avenir. Cependant, dans
la même salle et seulement séparés d'elle par un étroit paravent,
des gendarmes jouent et se passionnent au jeu ; l'un d'eux frappe du
poing sur la table ; indifférents et oublieux, ils n'ont même pas l'air
de savoir que cette femme, qui entend leurs jurons, était hier la
reine de France ! Ce n'est pas là le style de l'histoire, cela est vrai,
dans sa noble et stoïque gravité ; mais est-ce ainsi qu'il fallait
peindre ce pathétique sujet ? L'artiste a peint de sentiment, et c'est
ce sentiment qui vous touche. Simple et terrible tableau ! on le regarde longtemps et, en le quittant, on n'a plus le désir d'en regarder d'autres.

Le genre, en peinture, représente le roman en littérature, parfois
le roman historique, plus souvent le roman intime et domestique :
l'artiste se propose de peindre les mœurs d'un pays, d'une époque,
les intérieurs de famille ; si son but n'est pas aussi élevé que celui

du peintre d'histoire, il lui est donné, par l'analyse, de pénétrer plus profondément dans le cœur humain ; il peut attendrir, consoler, enseigner, avec les scènes simples et émouvantes d'une vie ignorée, aussi bien qu'avec les événements les plus dramatiques de l'histoire et les actions des hommes dont le monde sait les noms.

Nous nous intéressons partout à l'homme dans quelque milieu qu'il soit, pourvu qu'il se montre vivant et vrai. Aussi, tout d'abord, en regardant une quantité de petits personnages très-habilement peints, très-proprement vêtus, représentés dans des toiles microscopiques : un *jeune Homme à la fenêtre*, un *Peintre*, un *Amateur de tableaux*, par M. Meissonnier ; l'*Etude*, un *jeune homme lisant*, par M. Chavet ; le *Lever*, une *jeune femme essayant un collier*, par M. Plassan ; l'*Amateur*, par M. Fauvelet, etc., je me demande si ce sont là véritablement des hommes, et des hommes qui aient jamais vécu. Ce que l'artiste a prétendu faire, c'est évidemment représenter avec la plus minutieuse finesse un habit et des culottes de soie, une robe de satin, des tentures de tapisserie et des meubles sculptés ; mais quelle émotion tout cela me fait-il éprouver ? Ni l'âme, ni le cœur, ni l'esprit ne sont touchés ; les yeux seuls sont satisfaits : peu importe le sujet, et le peintre, en effet, ne s'en soucie guère. Il y a quelques années, M. Meissonnier exposa un jeune homme lisant, un homme peignant, un amateur cherchant des dessins dans un carton, etc. ; aujourd'hui, je retrouve les mêmes sujets : le costume et la pose sont un peu changés, voilà toute la différence. C'est là la conséquence extrême de cette théorie d'une école qui finit, la théorie de *l'art pour l'art* ; elle dédaignait la pensée, elle n'a plus eu de goût que pour le joli ; elle méconnaissait l'idéal, elle n'a plus su exprimer que la matière ; on ne dit pas devant ses œuvres : *C'est beau,* mais : *C'est bien fait*, et ainsi elle est arrivée en peu de temps à la stérilité et à l'imitation. Avec de la patience, on acquiert promptement cette habileté de main, cette perfection d'exécution : il y a des procédés pour cela ; ce n'est plus l'art, c'est un métier, un métier comme celui de tourneur et de menuisier. Nous en avons la preuve à l'Exposition : voici trois ou quatres jeunes peintres qui marchent sur la trace de M. Meissonnier et sont déjà presque aussi habiles que lui, M. Chavet surtout : il y a des gens qui préfèrent son

Estaminet à toutes les toiles de M. Meissonnier : l'*Estaminet* est plus petit, c'est un mérite.

Bien autre est la préoccupation des véritables artistes : qu'on lise dans les lettres de Prudhon, écrites de Rome et récemment publiées (1), les jugements qu'il porte sur les œuvres des maîtres, sur Léonard de Vinci et Raphaël ; ce ne sont pas les qualités de métier qui excitent son admiration, elles ne lui échappent sûrement pas : il était assez savant dans son art pour les reconnaître ; ce sont les qualités profondes de *ces divins génies* ; ce qui l'étonne dans les *tapisseries* de Raphaël, c'est, dit-il, « la force des caractères et de l'expression, l'énergie de chaque figure jointe à la simplicité d'action » et dans la *Cène* de Léonard de Vinci, savez-vous pourquoi il *demeure immobile d'admiration ?* « Un trouble général est répandu parmi les apôtres ; on lit sur les têtes de chacun d'eux ce qui se passe dans leur âme, on pourrait répéter ce qu'ils disent et pensent au récit triste et tranquille que leur fait le Christ de ce qui doit lui arriver. Quel homme, s'écrie-t-il, pour penser chaque figure d'un tableau d'une manière simple, naturelle et sublime ! » Quand on comprend ainsi les maîtres, quand on pénètre si avant dans leur génie, on devient soi-même un maître ; la pensée, au lieu de rester asservie et imitatrice, se fortifie et se dégage, et, en même temps que la pensée, la forme devient originale.

Tels sont, dans la peinture de genre, deux jeunes artistes qui apparaissent cette année avec une force nouvelle : MM. de Curzon et Bida. M. de Curzon n'était jusqu'ici considéré que comme un paysagiste ; on avait vu de lui des paysages choisis avec goût, d'un aspect sévère et d'une large exécution : il vient de faire un pas de plus. Sans quitter le paysage, il y introduit des personnages, non pas des personnages à peine indiqués et accessoires dans la composition, mais des personnages qui ont une importance capitale. Rien de plus simple que ses sujets : des *Aveugles grecs,* une *Albanaise dans la plaine d'Athènes,* des *Paysans italiens montant l'escalier saint de san Bennedetto,* des *Moines dans le jardin de leur couvent.* Mais aussi

____

(1) Par M. Villot.

rien de mieux observé ; ces personnages sont vrais et en parfaite harmonie avec le paysage ; autour des aveugles s'étend une campagne aride, d'un caractère grand et désolé, c'est la campagne d'Athènes qui étonne et attriste tant les étrangers encore pleins des poétiques souvenirs de l'Hymette et de l'Ilyssus. Ces hommes et ces femmes qui montent l'escalier saint, ce malade étendu sur une des marches ont une attitude respectueuse et recueillie, l'expression de l'espérance et de la foi sincère ; ces moines sont occupés à des travaux familiers : celui-ci bêche, celui-là arrose, cet autre puise de l'eau ; mais on est frappé de cet air grave, de ces gestes simples, de cette physionomie calme, qui caractérisent si nettement le religieux ; ils font le même travail que des paysans, et l'on reconnaît en eux le prêtre : pose, couleur, expression, tout est vrai, mais l'art a relevé ces détails matériels ; l'artiste, on le sent, a vu ce jardin et ces moines, mais il les a vus avec le sentiment du beau qui agrandit et idéalise ; c'est le vrai noblement exprimé. Cette Exposition ne montre pas seulement en M. de Curzon un paysagiste excellent, elle révèle la science et l'intelligence de la grande peinture.

M. Bida ne fait encore que des dessins, mais ses dessins valent des tableaux. Tout est grand dans ces cadres étroits. Lui aussi, il a représenté des moines, des *Moines grecs au réfectoire*. Quel sujet prêtait davantage à la trivialité ! Eh bien, regardez ces moines : assis à des tables massives, sur deux rangs, dans une vaste salle, ils ont, en prenant le repas des ascètes, une dignité qui saisit. Un calme sévère plane sur cette grave assemblée ; ces hommes, largement drapés et coiffés de bonnets assez semblables aux toques de nos magistrats, ne sont pas des hommes vivants de la vie du vulgaire ; l'un d'eux fait une lecture du haut d'une chaire, et l'on voit que tous écoutent, qu'ici même continue la vie spirituelle ; le corps n'est que l'instrument ; l'âme apparaît à travers. Et, dans un autre dessin, je ne peux regarder ces *Juifs pleurant et priant au pied du mur de Salomon* sans être ému d'une douleur si expressive et si vraie. A quelque nation qu'ils appartiennent, de quelque costume qu'ils soient couverts, — et tous ont le type de leur race, on distingue leur pays et leur nation, — ils sont impressionnés par une pensée unique. Les mêmes souvenirs, les mêmes regrets font plier sur les genoux les corps affaiblis, ou lever vers le ciel les longs regards; point de gestes exagérés, point de physionomies crispées, point de clameurs forcenées; partout une douleur profonde, qui ne se peut contenir, qui éclate et se communique. C'est un drame véritable, regardé avec émotion et rendu avec âme; le peuple élu est là, frappé, mais noble encore, et portant, comme aux jours de Babylone, je ne sais quelle marque qui fait sentir la présence de Dieu.

C'est par des sentiments aussi naturels et aussi vrais que l'on intéresse et que l'on touche, et c'est pourquoi la *Prière chez un chef arnaute*, de M. Gérôme, est si supérieure à ses autres tableaux, même à ce *Duel*, si chaleureusement accueilli par la faveur publique. Certes, en contemplant ses toiles égyptiennes, *les Pyramides*, *Memnon et Sésostris*, *la Plaine de Thèbes*, etc., dessinées en grandes lignes, je me fais une idée de la nudité du paysage, de l'immensité du désert brûlé par le soleil, de la morne beauté de ces solitudes. Mais, au milieu de ces vastes espaces, l'homme disparaît, le désert l'absorbe, la masse des statues colossales l'écrase. Comment m'intéresserait-il ? Le peintre me le montre-t-il plus près? Représente-t-il une bande de recrues égyptiennes, pauvres gens attachés l'un à l'autre par des entraves de bois, comme des animaux ; je ne vois encore là que des êtres humains d'une certaine race, d'une certaine condition, des individus dans une situation exceptionnelle, et non l'homme, l'homme général, que l'on rencontre partout et en qui l'on se reconnaît. Et cela est si vrai que le peintre, qui, lui-même ne s'intéressait pas à eux, n'a pas su leur donner la vie. Ces recrues ne marchent pas ; immobiles, elles semblent pétrifiées comme les monuments du désert qui enfoncent leurs assises de granit dans le sable.

De même pour le *Duel de masques*. Voici deux hommes qui se sont pris de querelle dans un bal masqué, et qui, aussitôt, sans dépouiller leur défroque bariolée, sortent et se battent, au petit jour, sur la terre couverte de neige ; l'un d'eux est percé d'un coup mortel. Je l'avoue, plus j'examine ce tableau, moins je suis ému ; j'admire la science du dessin, la portée du drame m'échappe. Evidemment le but du peintre a été de frapper l'esprit par une antithèse, par ce contraste de la mort saisissant un de ces jeunes gens qui dansaient tout à l'heure si follement en costume de saltimbanque. Mais pour que je fusse touché, il faudrait qu'il y eût quelque chose que je pusse m'appliquer ; or, il n'y a ici qu'un accident, et un accident des plus rares. Mille gens courent les bals masqués qui n'en sont jamais sortis pour se battre. Que l'on se provoque, d'ailleurs, dans un bal ou dans un festin, qu'importe, si vous ne me dites pas pour quel motif l'on s'est battu ?

Mais, quand vous me montrez ces musulmans qui s'arrêtent tout à coup, à l'heure où la voix du muezzin annonce la prière, et debout, élèvent leurs mains et leurs pensées vers le dieu invisible ; quand je regarde ces orientaux aux mâles visages, venus de divers pays, s'unissant pour accomplir avec gravité, calme, recueillement, cet acte religieux qui, en un moment, les met au même rang devant Dieu ; ce spectacle d'hommes sincèrement émus m'émeut moi-même. Ils prient, parce qu'ils sont faibles ou reconnaissants, dans l'espérance ou dans la crainte ; quels que soient leurs costumes, la forme de leur culte, les paroles de leur prière, je les comprends : ce sont mes semblables ; les aspirations et les sentiments qui les animent sont communs à l'humanité tout entière.

Au milieu de tant de tableaux de genre, la plupart exécutés avec goût, esprit ou délicatesse, on ne peut signaler que quelques-uns de ceux qui se distinguent par un sentiment plus élevé ou une étude plus approfondie ; ainsi, les sujets pris sur les côtes du Pas-de-Calais, par M. Jeanron, si parfaitement observés et si vrais, *la Pose du télégraphe électrique*, particulièrement ; *la Mort de Malfilâtre*, de M. Legrip, conçue avec un sentiment de tristesse et de respect pour le talent malheureux ; *les Sœurs de Charité en Crimée,* de M. Schopin ; les aimables et spirituels *Troupiers*, de M. Pezous, etc.

C'est aussi parmi les tableaux de genre que l'on rencontre presque tous les artistes étrangers. On se rappelle quelle curiosité excitèrent les œuvres des étrangers à l'Exposition universelle, la galerie anglaise surtout : nulle n'avait une originalité aussi marquée ; ces artistes anglais ne ressemblaient à personne, ils n'avaient pas imité ; leurs défauts étaient grands, mais ces défauts leur appartenaient. Les Anglais ne se sont pas présentés au Salon de 1857, mais on y

trouve des Belges, des Suédois, des Russes, des Allemands, des Prus-
siens ; et c'est avec un piquant intérêt que l'on examine leurs œuvres, parce qu'on espère y découvrir quelques traits du génie de leur
nation. Regardez, par exemple, les toiles des Belges, MM. Williems
et Stevens ; quelle en est la qualité dominante ? Une représentation
exacte des objets matériels : la pendule du *Chez soi*, de M. Stevens,
est si parfaitement imitée, le verre qui la recouvre ressemble si bien
à du verre qu'on est tenté de toucher la toile pour s'assurer que ce
n'est pas une illusion ; parfois même, comme dans le tableau de
M. Williems, intitulé : *J'y étais*, la pose du personnage est la plus
juste et la plus naturelle ; ces peintres flamands, imitateurs de leurs
ancêtres, s'appliquent à rendre strictement l'objet qu'ils examinent ;
ils vous feront compter les fils d'une dentelle ; leur pinceau se joue
avec finesse dans les plus minutieux détails. Mais ne leur demandez
pas davantage ; leur génie se tient dans un milieu gris et tranquille ;
un peu gauches et lourds, ils ne s'animent pas, ils ne se passionnent
pas ; ils représentent des personnages vrais d'attitude, mais immobiles. La jeune femme du *Choix de la nuance*, de M. Williems, est
une beauté froide et molle ; elle agit, mais sans vivacité, elle sait
raisonner, elle n'a pas d'esprit. Ce calme flegmatique convient parfois à des sujets pâles et ternes de la vie domestique ; mais si, par
malheur, ces artistes choisissent un sujet passionné, toute leur habileté devient insuffisante, ils restent au-dessous de l'impression. On a
beau chercher avec la plus scrupuleuse attention ce que pensent, sentent ou disent les dames du tableau intitulé : *Consolation*, par M. Stevens, on ne comprend pas. Que viennent faire ici ces dames en
deuil ? Cette jeune femme qui les reçoit est-elle leur amie ? Je vois
bien que les visiteuses sont attristées, mais la figure de la jeune dame
rose et blanche n'exprime absolument rien ; il est fort à craindre que
ces pauvres affligés ne la quittent sans être consolées. En revanche,
les meubles, les tapisseries sont fort bien représentés ; l'étoffe en est
bonne et solide. Cette représentation naturelle est évidemment le fait
d'artistes d'un pays de fabrique.

Voulez-vous, au contraire, voir prédominer la pensée sur la matière, considérez les œuvres des peintres du Nord, d'un Suédois,
M. Höckert, ou d'un Allemand, M. Meyer. La *Famille de pêcheurs la-*

pons, de M. Höckert, est peinte avec moins d'adresse que les tableaux des artistes belges ; les meubles et les vêtements ne visent pas à faire illusion comme *trompe l'œil*, mais quelle vérité plus profonde et plus touchante ! Voici un intérieur de pêcheurs, dans un pays perdu, au delà du cercle polaire ; renfermés dans leur cabane, ils *sont couverts*, chargés pourrait-on dire, de vêtements épais et lourds, et pourtant, c'est *le temps de l'été !* On s'intéresse déjà à ces pauvres gens déshérités du soleil et de sa chaude lumière. Une jeune mère berce lentement son petit enfant dans un ingénieux appareil suspendu au milieu de la chambre, et ce groupe gracieux vous attire et vous attache ; la jeune femme forte, éclatante de santé, les joues colorées du beau sang des races du Nord, est si passionnément préoccupée, si attentive aux mouvements de son petit enfant entortillé dans ses langes ! On remarque son type, son costume étranger, l'intérieur encombré de meubles et d'objets d'une forme inconnue, les ornements curieusement ciselés ; mais sous les vêtements bizarres on reconnaît la mère, sa tendre sollicitude et son amour sans cesse présent ; et dès lors elle n'est plus étrangère ; les mères de tous les pays lui donnent leurs sourires et leur sympathie.

Les enfants et les mères sont toujours bien accueillis : il suffit de les mettre en scène ; pourvu que le peintre soit sincère et aime son sujet, on devient indulgent pour les défauts ; on passe sur l'exiguïté du sujet, une mère qui fait changer de chemise à son petit enfant, par exemple, dans le *Lever*, de M. Frère ; sur une certaine mollesse d'exécution, dans le *Catéchisme* ou la *Leçon*, de Mme Browne ; sur l'insuffisance d'autres parties, dans le *Convoi funèbre*, de M. Knauss. Ce qui fait le succès de M. Knauss, ce sont ses enfants : on constate, dans ses personnages, quelques réminiscences de ses premiers tableaux, le magister, entre autres, une exagération d'expression qui touche à la caricature, une négligence condamnable dans les fonds du paysage ; mais il y a, en avant, trois ou quatre petits garçons aux cheveux ébouriffés, blonds et roses, malins et espiègles, l'un qui s'efforce de prendre un air sérieux à cette cérémonie dont il ne comprend pas cependant le grave enseignement, l'autre tout fier de porter la croix qu'il élève bien haut de ses petits bras tendus, cet autre distrait et l'œil au guet et qui s'échapperait volontiers pour aller jouer ;

tous si pétillants de vie, de séve, et, il faut le dire, de gaieté à peine
contenue, que l'on oublie le triste et sombre sujet ; on ne voit qu'eux,
et l'on en est soi-même égayé, comme si cette bande folâtre allait
sauter et bondir autour de soi, avec des cris aigus et charmants.

Les Allemands sont excellemment doués pour peindre les enfants.
Cette bienveillante et sympathique nation, mélancolique et rêveuse,
qui aime si naturellement la musique et la poésie, tout ce qui ravit
l'homme à la réalité, ne regarde pas, ce semble, les enfants du
même œil que nous. Sérieux et préoccupés de tristes pensées, nous
cherchons sur le visage de nos enfants à deviner leur avenir ; pour
l'Allemand, les enfants sont presque encore des anges ; pas un pli de
leur figure finement colorée ne révèle une passion terrestre ; leur
sourire est un rayon des cieux (1) ; ils sont comme les fins et légers
habitants du monde idéal qu'il entrevoit dans ses rêves flottants.

N'est-ce pas, en effet, l'impression de cette mère et de cette sœur
déjà grande qui s'approchent doucement du berceau où est couché
un tout petit enfant ? *Te voilà enfin réveillé*, a écrit le peintre,
M. Meyer, sur le cadre. Il n'était pas besoin d'inscription ; les visages
parlent assez clairement ; la mère contemple son dernier né avec
une joie épanouie ; le petit enfant tourne vers sa sœur ses grands
yeux bleus étonnés et ravis. Le type de la femme n'est pas un type
aristocratique ; c'est une paysanne, mais elle est charmante, tant
elle est heureuse. On ne peut s'empêcher de l'aimer. Ce petit intérieur est comme enveloppé d'une atmosphère calme et fraîche ; cette
poésie familière vous enchante ; vous emportez dans votre souvenir
la candide expression de ces aimables visages et la grâce de leur
sourire.

Dans toute exposition, il y a trois sortes de portraits : en premier lieu, le portrait, qui représente le personnage tel qu'il est,
dans sa vérité, sans lui rien ôter et sans rien lui ajouter ; les portraits officiels rentrent nécessairement dans cette catégorie : ce n'est
pas un personnage idéalisé que l'on veut voir, c'est celui que l'on
connaît et dont on peut dire : Il est ressemblant. Les portraits offi-

(1) Shakespeare.

ciels, si nombreux au salon de cette année, peints par MM. Court, La Rivière, etc., remplissent convenablement cette condition ; en général, ils sont ressemblants. Malheureusement, de même que l'on est porté à confondre les personnages officiels défilant dans une cérémonie publique, ces portraits ont tous un air de parenté ; on ne les distingue pas bien l'un de l'autre : le costume, les broderies, la tenue un peu apprêtée effacent le caractère ; on dirait que c'est le même peintre qui les a exécutés. Ceux de M. H. Vernet sont cependant toujours les plus remarquables par l'habileté de l'exécution et la grâce naturelle avec laquelle il se joue des difficultés. L'étiquette ne le gêne pas ; il est aussi à l'aise pour peindre un maréchal qu'un soldat. Son portrait de M. le maréchal Bosquet a quelque chose de solide et de fier qui donne une juste idée de l'énergie intelligente et de l'enthousiasme entraînant du héros d'Inkermann. L'artiste qui, déjà, avait fait un beau portrait du Prince président, est encore le seul qui, en représentant l'Empereur, ait rendu le calme de sa physionomie, l'expression pénétrante de son regard, son attitude simple et ferme ; il n'y a pas à s'y tromper, celui à qui ce zouave présente les armes est un souverain.

On ne saurait nier aussi que le grand tableau de M. Dubuffe, le *Congrès de Paris*, ne soit fort supérieur à ses portraits de dames, toutes également jolies, toutes éclatantes du même teint frais et rose, toutes douées de la même grâce et traitées de la même manière. Sans doute il a pensé que les diplomates n'avaient pas les délicates exigences que l'on rencontre parfois chez les femmes du monde ; il les a fait vrais ; il les a habilement groupés. Cette toile, réunion de portraits, est sur la limite des tableaux d'histoire.

Après les portraits qui tendent uniquement à la ressemblance et où le peintre est l'esclave de son modèle, il y a les portraits de fantaisie, et où le modèle est, au contraire, asservi à l'artiste ; l'artiste impose à son modèle une part de sa personnalité ; il lui donne le caractère, les goûts, l'humeur qu'il a lui-même : on fait moins attention à celui qui est peint qu'à celui qui a peint. Ainsi M. Hébert débuta par la *Malaria*, dont tout le monde se souvient, et qui était empreinte d'une mélancolie si pénétrante et si communicative ; on dirait qu'il n'a pu sortir de cette atmosphère amollissante ; tous les personnages qu'il a représentés depuis en sont comme accablés. Ses femmes italiennes de 1855 avaient dans leurs mouvements et leurs regards une langueur maladive ; son portrait de Mme la princesse de B. a le même caractère de lassitude et d'épuisement ; on ne saurait méconnaître la distinction aristocratique de cette figure, mais on se demande si cette belle personne est vraiment aussi pâle et abattue ; des yeux si purs, si nettement dessinés, doivent donner une expression plus vive à la physionomie ; ce n'est pas le modèle qui était attristé, mais le peintre.

Enfin, il est des peintres qui ne voient dans un portrait qu'une occasion de faire une œuvre d'art : le modèle n'est pas leur but, il est un moyen ; la ressemblance n'est pas ce qui les préoccupe le plus, quoique leurs portraits soient plus ressemblants que ceux des portraitistes attitrés ; en peignant un individu, ils cherchent à représenter un caractère, ils examinent moins les lignes que l'esprit du personnage ; parfois, ils modifient les formes, allongent ou raccourcissent un trait : c'est le modèle, mais le modèle anobli et embelli dans le sens élevé du mot ; il devient un type, l'idéal de toute une série d'hommes ; il fait rêver, il éveille des idées et des souvenirs, c'est le portrait poétique. Tels sont les portraits d'un peintre éminent, M. H. Flandrin, et d'un artiste plus jeune, M Faivre Duffer. Quand on considère les portraits de M. H. Flandrin, on sent tout de suite qu'on a affaire à un maître : avez-vous remarqué que toutes les belles œuvres, les œuvres littéraires comme les œuvres d'art, ont un caractère commun, un aspect de calme et de force qui vous saisit tout d'abord ? L'artiste ou l'écrivain sait où il va ; il est maître de lui et de son sujet ; son but lui apparaît clairement, et il marche sans se presser ; il impose, pour ainsi dire, sa volonté ; il vous prend et se fait suivre. Devant ces portraits de M. Flandrin, qui ne se distinguent que par des initiales et qui n'ont pas pour eux l'attrait d'un nom illustre, on s'arrête et on les regarde longtemps. C'est que là on trouve des personnages vivants et vrais ; cet homme en costume de magistrat, cette femme en toilette de soirée, ne posent pas ; la femme n'a ni l'afféterie prétentieuse d'une coquette de salon, ni le laisser aller d'une bourgeoise ; elle est à l'aise dans sa robe de bal comme une femme qui a l'habitude du monde et qui ne

semble pas s'être préoccupée de sa toilette, quoiqu'elle n'en ait né-
gligé aucun détail. Le peintre s'est bien gardé de faire saillir avec
éclat les étoffes et les bijoux, de leur donner une importance que
son modèle ne leur accorde pas : chaque chose est à son plan et a
la valeur qui lui convient ; la robe, les perles, l'éventail sont touchés d'un autre pinceau que les chairs ; l'ensemble a une agréable
harmonie : ce qui attache, c'est la physionomie douce et reposée de
cette femme qui, selon l'expression admise, est vraiment une femme
comme il faut.

On ne saurait trop regretter que l'artiste chargé de représenter
Adam Mickiewitz, mort il y a deux ans à peine à Constantinople,
n'ait pas traité dans cet esprit le portrait du grand poëte polonais.
Nulle figure n'était plus propre à inspirer un portrait historique : le
trait le plus caractéristique de sa figure était une lèvre supérieure
très-proéminente, ce qui lui donnait, quand il se taisait, une singu-
lière apparence de dédain ; on craignait d'être en présence d'un
homme qui jugeait sévèrement les autres. Mais aussitôt qu'il parlait,
sa physionomie se transformait ; elle prenait un air d'animation, de
vie et de gaieté naturelle qui vous rassurait et vous animait vous-
même ; ce n'était plus le juge, c'était le poëte. On remarque souvent
chez les hommes supérieurs cet air animé et enjoué : la joie de l'esprit en marque la force, a-t-on dit avec vérité ; c'est la puissance
de l'intelligence qui s'épanouit au dehors. Il était, en effet, si réellement supérieur que jamais on ne surprenait en lui ces attitudes
roides et guindées de l'homme qui veut paraître plus grand qu'il n'est :
ayant parcouru presque toute l'Europe, connaissant les langues des
peuples qu'il avait visités, ayant assisté aux plus grands événements
de notre époque, il abordait les sujets les plus divers en y jetant des
lumières inattendues : les traits de mœurs, les lieux et les hommes,
les ressources du pays, il avait tout vu, et il rappelait et décrivait
tout avec la verve, le style imagé et saisissant du poëte, avec la
passion de l'homme convaincu qui ne cherchait qu'à faire voir et
faire sentir la vérité. Aussi subjuguait-il ses auditeurs sans y
songer ; les hommes les plus spéciaux apprenaient avec lui ; il
exerçait sur ses compatriotes une influence qui ressemblait à
une souveraineté morale ; leur respect avait consacré cette au-

torité qu'il ne demandait pas ; quand ils le venaient visiter à l'Arsenal, ils l'abordaient en lui baisant la main. Voilà la physionomie aimable et simple, forte et animée que l'on eût aimé à retrouver dans le portrait de M. Rodakowski ; le poëte semble ici poser avec une dignité, une majesté qui était aussi étrangère à ses habitudes qu'à son caractère : les traits seuls sont ressemblants. Tel qu'il est, cependant, ce portrait rappellera aux exilés de la Pologne le poëte dont les chants émus firent battre si souvent leur cœur, et qui peignit en vers pathétiques les souffrances et les douleurs de la patrie absente.

De tant de portraits, on ne peut que mentionner quelques-uns qui mériteraient pourtant une appréciation plus étendue : celui de M. Bérard, par M. Bodinier, où le caractère du personnage est si parfaitement compris ; ceux de M. le docteur D..., par M. Laemlein, de M. L. de C..., par M. Cardo, justes de dessin, vrais de couleur, et sérieusement étudiés ; le portrait de M. le comte Tascher de la Pagerie, par M. Heuss, qui, en véritable Allemand, néglige volontiers le costume, mais s'attache spécialement à saisir l'esprit de ses modèles, et a rendu, en effet, la dignité, le regard observateur, et l'expression de finesse et de bonté qui caractérisent le grand maître de la maison de l'Empereur. Mais, entre tous, et avec ceux de M. H. Flandrin, ce sont les portraits de M. Faivre-Duffer qui s'approchent le plus de ce portrait idéal que cherchent les grands peintres : M. Faivre-Duffer, outre un excellent portrait de Mme B..., a deux petits portraits au pastel aussi remarquables par la science et la netteté du dessin que par la suave expression des physionomies : ce sont bien là des jeunes filles : les traits délicats, le teint transparent, la chevelure abondante simplement nouée, l'œil clair qui lance un regard franc et spirituel, quelque chose de moqueur dans le sourire, comme il arrive souvent aux jeunes filles rieuses, et un éclat de santé, un air d'enjouement épanoui, tout est d'accord pour vous représenter cette vivacité gracieuse, cette insouciance légère, ce charme irrésistible de la jeunesse qui s'empare de la vie avec tant de bonheur et d'ignorance, et qui se fait rechercher et aimer par cela seul qu'elle est la jeunesse.

Les paysages pourraient se diviser, comme les portraits, en trois catégories : on retrouverait les paysages exécutés dans un but préconçu, compositions idéales où l'artiste se sert de la nature autant qu'il la représente, les paysages de MM. Flandrin, Desgoffe, etc.; puis les imitations textuelles d'un lieu, d'un site, exactes jusqu'à être serviles, les toiles *réalistes* de MM. Daubigny, Millet, Courbet, etc.; enfin, terme moyen entre ces deux genres les reproductions fidèles de la nature, mais de la nature choisie, avec discernement et avec goût, les tableaux de MM. Giroux, Belly, Bodinier. Si l'Exposition n'était composée que de paysages, ces paysages sufiraient pour faire saisir les transformations intellectuelles de nos dernières années; le même travail s'est fait dans la littérature et dans la peinture : on retrouverait dans nos paysagistes les classiques, les romantiques, les fantaisistes mêmes, l'école du bon sens. Seulement, il faut le dire, le paysage n'est pas tombé dans des exagérations aussi condamnables que la littérature. La nature se prête moins aux excès que l'être social; partout elle a une gravité et une grandeur qui excluent le ridicule et le laid : l'école réaliste du paysage elle-même a des œuvres que l'on peut estimer et louer.

M. P. Flandrin qui, par la tradition, se rattache à Poussin, met l'histoire dans le paysage : aujourd'hui, il expose un sujet fortement conçu, *Jésus et la Chananéenne*. Au centre du tableau le groupe des personnages attire d'abord le regard : la Chananéenne prosternée aux pieds du Christ, le Christ et les apôtres; le paysage, quelque important qu'il soit, n'est que l'accessoire du sujet; de grands arbres aux massifs épais, des collines s'élevant en amphithéâtre, la route élargie pour favoriser la mise en scène, le peintre a évidemment composé ce paysage; tel qu'il le représente, le paysage n'existe pas, mais il peut exister : l'esprit n'est pas choqué de cet arrangement; cet aspect imposant d'un site grandiose, convient à un sujet où le Christ est prêt à manifester sa puissance divine.

M. Desgoffe, avec plus de gravité encore, est plus dramatique ; il n'est pas un historien, mais un poëte tragique ; son tableau des *fureurs d'Oreste* pourrait donner une idée d'une représentation au théâtre d'Athènes : le lieu de la scène est immense ; au fond, d'âpres rochers montent dans les cieux, et entre leurs pics dentelés on aperçoit la noble façade d'un temple ; en avant, le sol se rompt tout à coup en larges fissures, un mur de rocs descend brusquement dans l'abîme ; le terrain est violemment déchiré ; les arbres se tordent convulsivement, et parmi ce bouleversement de toute la nature apparaît Oreste, poursuivi par les Furies et les Remords, et s'arrêtant, éperdu, comme devant une vision des enfers. Personnage, mise en scène, arbres et rochers, tout concourt à produire une vive impression de terreur et de pitié ; le peintre a été inspiré par la muse tragique de la Grèce ; son paysage a un caractère antique : il a interprété Eschyle avec une sombre grandeur.

On comprend que, pour atteindre à des efforts aussi puissants, il ne suffit pas de regarder, de sentir même la nature, il faut penser, s'impressionner de son sujet, s'appliquer à la composition du paysage avec autant de passion que pour un tableau d'histoire. Aussi est-il peu de peintres qui comprennent ainsi le paysage ; la plupart se contentent de reproduire un site agréable : le paysagiste, prétendent-ils, ne doit pas se donner la peine de composer un tableau ; qu'il se contente de peindre ce qu'il a sous les yeux ; dès lors le sujet n'est rien ; si M. Courbet place un personnage dans sa toile *Les bords de la Loue*, ce sera, par exemple, un homme qui se dépouille de sa chemise pour se baigner ; il n'est pas besoin de beaucoup d'imagination pour trouver ce pittoresque sujet : on n'a qu'à se promener sur les bords de la Marne ou de la Seine. Un autre, M. Millet, représente des *glaneuses*, de pauvres femmes presque déguenillées ramassant des épis échappés au râteau des moissonneurs ; toutes trois uniformément penchées vers la terres, elles ressemblent quelque peu à ces *sortes d'animaux* dont parle La Bruyère : ce n'est pas précisément le visage et l'expression de la physionomie que l'artiste a cherché à nous montrer ; la posture de ces glaneuses rappelle certains traits de *Pourceaugnac* ou du *Malade imaginaire* ; c'est la vérité triviale, mais sans le comique qui la rend plaisante. Ailleurs, le paysage est nu, sans personnages, comme dans les tableaux de M. Daubigny : ici, du moins, on sent une application studieuse, un amour de la nature qui fait oublier que l'homme est absent ; dans la *Vallée d'Optevoz* surtout, les rives vertes, l'herbe épaisse, l'eau transparente et claire, se rapprochent tellement de la vérité qu'on se plaît à regarder cette toile comme si l'on se trouvait réellement devant un joli site ; si l'esprit n'a rien à y chercher, les yeux sont satisfaits.

D'autres paysagistes se dispensent, comme les réalistes, de composer leurs tableaux, mais pour un autre motif ; de même que certains peintres de portraits reproduisant la nature, ils ne songent qu'à rendre leurs propres sensations. Pour M. Corot, un paysage n'est qu'un prétexte d'exprimer son impression ; il ne s'occupe pas de la forme et des lignes ; il ne voit qu'un effet général : l'ombre du soir descendant sur les bois, *un Soir* ; la fraîcheur et la transparence de l'air au matin, *une Matinée* ; les arbres, les collines, les rives d'un fleuve ou d'un lac, n'ont à ses yeux rien d'arrêté; il indique seulement les masses d'un pinceau léger ; il laisse volontiers à deviner si tel objet est un arbre ou un rocher : on est souvent près de confondre une vache avec une chèvre ; tout est comme enveloppé d'une gaze flottante ; l'individu est absorbé par l'ensemble, c'est le panthéisme dans la peinture, une poésie vague, amollissante, qui ôte tout ressort à l'âme et la jette dans une rêverie sans but.

Avec les réalistes, l'art tend à devenir un métier ; plus de combinaison, plus de choix, plus de comparaison ; le peintre ne pense pas; on ne trouve plus dans ses tableaux ces qualités de pensée qui attachent et qui passionnent, ces qualités que l'homme recherche avant tout dans les œuvres de l'intelligence, parce que sous l'œuvre il découvre un esprit, une âme : avec un tel système, pour reproduire un site, bientôt le daguerréotype suffirait. C'est contre ces tendances matérielles que quelques artistes, sincères admirateurs de la nature. protestent par des tableaux où une composition bien ordonnée s'allie à une représentation fidèle du paysage. M. Giroux est un des premiers qui vit ce qu'il y avait de juste dans la manière des romantiques : s'ils copiaient servilement la nature, ils cherchaient à la montrer vraie. Il avait recueilli, à Rome, les principes élevés des maîtres; en même temps, il avait été frappé de la beauté des paysages de l'Italie et il avait compris que le but suprême de l'art est de rendre la nature simplement et avec exactitude, mais en choisissant ses plus beaux aspects. Ainsi, dans son tableau *une Usine de rémouleurs*, le peintre a vu cette vallée, ces montagnes arrondies en dômes, ces grands arbres aux masses touffues ; il a cherché à rendre le caractère de l'Auvergne, rompant ainsi avec les classiques exagérés qui inventaient non-seulement leur sujet, mais encore le lieu de la scène, et, de plus, on reconnaît là une conception forte et méditée : le peintre n'a pas tout représenté ; il a distingué ce qu'il fallait peindre, laissant ce qui était commun ou trivial et ne montrant que ce qui est agréable et beau, ce qui donne à l'homme le sentiment de la beauté.

C'est dans le même esprit que M. Bodinier a peint le tableau qu'il intitule : *Repos de voyageurs et de bergers en Italie* ; belle composition, couleur harmonieuse, savante disposition des ombres et de la lumière, grandeur du paysage, c'est l'Italie comprise avec le sentiment de l'antiquité. Ces bergers couchés à l'ombre ont les poses les plus vraies ; le voyageur qui s'approche a cette dignité naturelle aux peuples méridionaux ; dans les pays du soleil, le geste est noble et grand, l'attitude ferme, la physionomie expressive, sans que les muscles paraissent tourmentés ; de beaux arbres aux puissantes ramures étendent sur la terre une ombre épaisse ; les plans éloignés de la campagne se dessinent nettement dans une atmosphère claire, et, au fond, l'azur d'un lac aux eaux pures réfléchit l'azur des cieux. Sur le paysage tout entier planent le calme et le silence du midi : on dirait d'une églogue de Virgile. De même encore l'*Inondation en Egypte* de M. Belly donne au spectateur une impression élevée : une plaine immense transformée en une mer, une chaussée s'élevant un peu au-dessus de ces eaux calmes et sans bruit ; sur la chaussée une caravane d'Arabes et de chameaux, et dans le ciel, ce ciel d'un implacable azur, selon l'expression des voyageurs, une longue file de grues, ligne noire qui fuit en s'amincissant : voilà le tableau. Le regard se perd dans la profondeur de la solitude ; on sent combien l'homme est petit au milieu de ce désert d'eau, et la pensée s'envole comme ces oiseaux vers l'horizon infini.

Dans les autres genres, on regrette de ne pouvoir que rappeler des noms qui ont acquis une juste réputation : les larges et expressives miniatures de Mme Herbelin, la vivante et fougueuse *Razzia* de M. Loubon, où chèvres, bœufs, moutons, se précipitent, comme une

avalanche, tout blancs du sable du désert ; les fleurs et les fruits de
M. Saint-Jean, qui atteint presque à la réalité, et ceux moins bril-
lants, mais non moins vrais, de Mme de Saint-Albin ; les fines gra-
vures à l'eau forte de M. Carey, excellent élève de T. Johannot ; les
lithographies chaudement colorées de M. Sirouy, et, enfin, dans les
marines, le *Port de Calais* de M. Petit, où la mer, les navires, la
ville, observés et étudiés avec la plus consciencieuse exactitude, ont
chacun la valeur qui lui est propre et dont l'exécution révèle les
fortes et grandes traditions des maîtres.

La sculpture moderne tend à se transformer, et plus nous avan-
cerons, plus son caractère se modifiera ; nous ne comprenons plus,
nous n'aimons plus les statues qui ont uniquement pour but de représenter la beauté physique ; nous nous demandons ce que nous
veulent ces nudités : elles ne disent rien à notre esprit et à notre
âme. Dans nos mœurs modernes le nu est accidentel, on le peut
admirer dans quelques œuvres de la statuaire ; mais si excellentes
qu'elles soient, elles nous laissent froids ; les sujets qu'elles représentent, pris en dehors de notre vie sociale, nous sont étrangers.

Et, cependant, les conditions de l'art de la sculpture exigent du
statuaire non-seulement la connaissance du nu, mais encore une
pratique savante et constante : c'est seulement par l'étude approfondie du corps humain qu'il peut donner à ses personnages la
vérité, la fermeté, la noblesse, la grâce, qu'il pénètre jusque dans les
secrets de la beauté. Pour les sujets même où dominent le sentiment
et le mouvement, cette science lui est nécessaire ; s'il ne la possède
pas, il ne produit que des œuvres incomplètes, des essais qui auront
un air d'ébauches, des fantaisies agréables, le joli, en un mot, mais
rien de grand et de vrai.

De ces tendances de l'esprit moderne et des exigences de l'art,
résulte pour les artistes une situation difficile et nouvelle ; ils sont
obligés d'étudier, de cultiver la statuaire telle que l'entendaient les
anciens, et, néanmoins, de traiter des sujets qui répondent à nos
sentiments et à nos goûts, où l'on ne retrouve plus seulement la
représentation de la beauté placide et immobile, mais qui expriment

quelque chose de l'activité, des idées et des passions de notre temps.

Quand on parcourt le vaste et beau jardin du palais des Champs-Elysées, où les blanches statues se dessinent sur un fond d'arbres verts, où les groupes de bronze se dressent au milieu des parterres de fleurs, cette double préoccupation paraît évidente chez nos sculpteurs ; on passe tour à tour d'une statue conçue dans les traditions anciennes à une œuvre inspirée par le goût moderne ; l'exposition de sculpture a un caractère éminemment transitoire.

Et d'abord, en commençant par les œuvres de la première manière (ce sont les moins nombreuses), on comprend bien pourquoi l'immobilité était la règle presque exclusive de la statuaire antique : les anciens sentaient que l'agitation, le mouvement rapide ou violent efface ou altère les lignes de la beauté ; de là l'immobilité de leurs statues. Les règles, ici comme dans la littérature, n'étaient que la consécration d'une raison profonde et élevée. Quelles sont, à l'Exposition de 1857, les statues où l'on retrouve, à des degrés divers, l'expression la plus vive de la pure beauté ? Celles qui, par le choix du sujet, se tiennent dans le calme et le repos : la *Comédie* et la *Tragédie*, de M. Duret ; le *Soldat mourant*, de M. Lequesne ; la *Rêverie*, de M. de Nogent ; l'*Ariane*, de M. Millet ; le *Diogène*, de M. Janson ; le *Léandre*, de M. Guitton, etc. M. Duret n'a pas besoin d'être loué : il a développé, dans ces nouvelles œuvres, les qualités excellentes qui lui ont valu un rang éminent dans les arts, la pureté du dessin, l'exécution savante, la noblesse de l'expression. Le sculpteur, dans ces personnages allégoriques, se rapproche autant qu'il le peut de l'antiquité. Le *Soldat mourant*, de M. Lequesne, a été exécuté d'après une esquisse de Pradier, de Pradier, le plus Athénien de nos statuaires, presque un païen. L'expression vive et passionnée de la figure appartient à M. Lequesne, mais dans la pose et l'exécution, il a suivi religieusement la pensée et la manière de son maître ; le soldat blessé à mort est attaché à la terre par la souffrance, ses membres sont détendus, mais en mourant il garde une attitude héroïque : la douleur ne déforme pas ses traits ; l'enthousiasme patriotique lui donne encore des forces à son dernier moment : il se redresse et, le bras et le visage tournés vers l'ennemi, il lui jette un suprême défi, un cri de victoire ! La *Rêverie*, de M. de

Nogent, qui exprime un sentiment plus doux, est conçue dans le même esprit. Ce que l'artiste a cherché à représenter, c'est une jeune fille arrivée à cet âge où la beauté physique s'épanouit avec éclat : le type du visage est moderne, et là on sent déjà une influence secrète de notre époque ; mais dans l'attitude, dans les formes du corps, on reconnaît l'inspiration et l'étude de l'antiquité ; le sculpteur s'est appliqué avec amour à modeler ce beau torse ; sa statue est aussi noble que gracieuse ; nulle affectation dans la pose ; elle rêve, son bras est détendu, son corps légèrement affaissé ; mais si elle se lève, elle redeviendra une belle jeune Grecque que les vieillards admireront en la voyant passer. L'esprit moderne apparaît plus sensible dans l'*Ariane* de M. Millet. Ne voyez-vous pas ici deux influences contraires? Ce marbre caressé par un ciseau savant, ces membres étudiés avec tant de soin, ces pieds, ces mains finement dessinés, sont de l'ancienne manière, et, cependant, la pose nonchalante et un peu molle, la distinction délicate de la figure ne sont pas antiques ; cette jeune femme est moins belle que jolie, plutôt petite que grande, presque une Française et une Parisienne, le produit élégant d'une civilisation raffinée.

L'*Ariane* sert de transition : un examen plus attentif y ferait même découvrir un reflet de ce sentiment mélancolique dont sont empreintes tant d'œuvres nouvelles. Voyez, en effet, la *Chute des Feuilles*, de M. Schroder : c'est un sujet complétement moderne. Voilà bien la femme telle qu'on nous la représentait il y a peu d'années encore, assise dans un mol abandon, pâle et amaigrie, drapée avec une certaine prétention ; son regard incertain et vague erre au gré de ses pensées flottantes ; c'est la femme de 30 ans de Balzac ; le *Lis dans la vallée* lui a révélé les douleurs d'une âme solitaire et le malaise d'une nature incomprise ; et, en face du ciel terne de l'automne, des arbres jaunis qui se dépouillent, elle se laisse aller avec une sorte de volupté à ces idées de désenchantement et de morne tristesse où se complaisait Obermann.

C'est là une maladie. Le sentiment exprimé par le *Virgile Enfant* de Mme Lefebvre-Deumier, au contraire, est un sentiment naturel dont chacun comprend et sent la vérité. Ce que Mme Lefebvre-Deumier a exprimé, c'est la rêverie aussi, mais cette rêverie de l'adolescence que nous avons tous connue. Il est là, le jeune homme, devant l'avenir qui tout d'un coup semble se dévoiler à ses regards avec toutes ses beautés, ses prestigieuses promesses, sa poésie et ses espérances ; il s'éveille à la pensée, et il est comme ébloui de ce qu'il aperçoit ; son imagination pénètre l'infini et le peuple de figures idéales qui passent et suivent en s'envolant ; la nature chante pour lui une hymne dont il ne comprend pas les paroles, mais qui l'enchante ; il demeure assis, et, dans le trouble dont il ne se rend pas compte, immobile, heureux, il attend quelque chose qui va venir. Et voyez comme la vérité aide l'artiste dans l'exécution même : il trouve aisément, naturellement, les traits qui expriment avec force sa pensée, les formes un peu maigres, mais élégantes du jeune homme de seize ans, la grâce de l'attitude, la distinction du type, la langueur humide du regard. Le rayon de l'inspiration qui brille sur son front révèle le poëte des *Géorgiques ;* pour tout le reste, ce n'est pas seulement Virgile, c'est l'adolescent de tous les temps.

On comprend l'attrait de pareils sujets ; le goût du public pousse les artistes vers cette représentation de sentiments gracieux ou tendres plutôt qu'énergiques, que l'on comprend sans effort et qui exigent quelquefois aussi moins de science et d'étude dans l'exécution. Ce genre agréable de sculpture convient surtout aux sujets d'enfants, et ce n'est pas sans un sourire que l'on regarde la *Jeune fille aux Poussins* de M. Truphème, ou la jolie petite *Idylle* de Mme N. Constant, groupe charmant d'enfants frais et spirituels, ou les beaux *Enfants de M. Graham*, par M. Cordier. (M. Cordier, du reste, on ne peut l'oublier, a exposé aussi des bustes arabes auxquels le mélange de marbres diversement colorés contribue à donner l'expression la plus vive et la plus tranchée.) Mais on descend vite dans cette voie large et facile ; tous les sentiments efféminés vont se succéder à l'envi : après la mélancolie de la *Chute des Feuilles*, l'abattement de la *Convalescence*, la langueur de la *Penserosa*, l'afféterie de la *Graziella* ; ce n'est plus la noble sculpture avec son caractère grave et sévère, c'est le genre et la fantaisie, la statuaire de boudoir,

Heureusement, ici, l'on rencontre quelques jeunes sculpteurs qui traitent aussi des sujets modernes, mais qui, pénétrés de la mission et du but élevé de leur art, protestent contre ces excès par des œuvres fortement conçues et étudiées, MM. Guillaume, Montagny, Dubray, Cabuchet, etc.

M. Guillaume s'est chargé de décorer le chevet de l'église Sainte-Clotilde, en représentant certains traits de la vie de sainte Clotilde et de sainte Valère, *un des enfants de sainte Clotilde guéri par les prières de sa mère*, après qu'il a été baptisé; *sainte Valère décapitée prenant sa tête dans ses mains*, et la portant à saint Martin, et le gouverneur et les bourreaux se convertissant à la vue de ce miracle. Voilà, certes, des sujets qui s'éloignent entièrement des données de l'art antique ; ce sont des sujets chrétiens, bien plus, des temps primitifs du christianisme. Les statuaires grecs et romains auraient été impuissants pour exprimer les sentiments de ces personnages, ces sentiments leur étaient inconnus; et, d'un autre côté, ce n'est pas l'art du moyen âge qu'il fallait copier; malgré l'expression vive, élevée, qu'il a su donner à ses figures, le moyen âge était insuffisant dans la représentation de la forme. Qu'a donc fait M. Guillaume? A l'art antique et à l'art chrétien il a emprunté les qualités qui convenaient à son sujet; de l'art antique, il a cherché à conserver la forme noble, pure, la grandeur de style ; de l'art gothique, le sentiment profond, naïf et sincère ; en représentant les traits de l'histoire du christianisme, il n'a pas cru nécessaire de copier la roideur, la maigreur et la sécheresse du treizième siècle ; en s'appliquant à la beauté du style, de s'astreindre à reproduire les nudités et les formes matérielles de l'art grec. Dans plusieurs de ses bas-reliefs, dans celui de *sainte Valère* portant sa tête, on admire la noblesse d'attitude, la science du dessin, la simplicité du geste, qualités que les chefs-d'œuvre de l'antiquité ont enseignées à l'ancien grand-prix de Rome ; mais aussi, dans les *traits de la vie de sainte Clotilde*, la sérénité douce des anges, l'expression de foi vive qui éclate sur le visage de la sainte vous transportent dans la société chrétienne. Nul artiste jusqu'ici n'avait compris l'art gothique avec plus d'intelligence ; M. Guillaume en a pénétré l'esprit ; ses bas-reliefs sont conçus avec le sentiment chrétien et exécutés dans les traditions de l'art antique : l'œuvre rappelle le moyen âge, mais celui qui l'a faite est un artiste moderne.

On ne saurait trop louer aussi, et pour des qualités analogues, le *saint Louis* de M. Montagny : quelle gravité et quelle attitude recueillie ! Avec quel respect attentif et religieux le pieux roi porte dans ses mains la couronne d'épines ! quel regard humble il abaisse sur cette relique d'un prix inestimable ! Physionomie, pose, maintien, tout montre combien il est profondément pénétré de l'importance de l'action qu'il accomplit. S'il marche, c'est à pas mesurés et comme sous le poids d'une pensée qui l'absorbe tout entier et le rend absent de la terre. Il prie et il adore ; cette figure est réellement celle d'un saint.

De même pour le *saint Vincent de Paul* de M. Cabuchet, exposé déjà en 1855 et reproduit aujourd'hui en marbre ; la tendre charité du saint, la respectueuse et filiale reconnaissance des enfants qui élèvent leurs doux yeux vers leur bienfaiteur, en même temps que leurs petites mains vers le ciel, voilà des sentiments chrétiens délicatement exprimés par des types et des physionomies qui n'ont rien emprunté à l'antiquité. M. Cabuchet est un des jeunes artistes sur lesquels doit le plus compter la sculpture religieuse.

Le sujet qu'avait à traiter M. Dubray, l'*Impératrice Joséphine*, ne présentait pas de moindres difficultés que le sujet de M. Guillaume. Si jamais costume fut défavorable à la sculpture, c'est celui de cette époque : on dirait que l'on avait eu pour but de cacher les formes sous ce vêtement étriqué, sous ce long fourreau qui descendait depuis le sein jusqu'aux pieds, de dérober aux yeux sous des plis étroits l'ampleur des hanches et la finesse de la taille. Eh bien ! en regardant la statue de M. Dubray, on ne songe pas à ces désavantages du costume ; l'artiste, avec une grâce aisée, s'est joué de ces obstacles matériels. On trouve déjà dans une autre œuvre exposée, cette année, le *sculpteur Clodion*, une preuve de son habileté et de son goût : il a donné à Clodion un air fin, une physionomie vive et ouverte ; le sculpteur porte légèrement et avec distinction l'habit du temps de Louis XVI ; il a à la fois la désinvolture d'un artiste et les manières élégantes d'un gentilhomme. Dans sa statue de l'*Impératrice Joséphine*, ce que M. Dubray s'est appliqué à rendre, c'est surtout le caractère de la femme dont la France a gardé un souvenir si touchant, la grâce exquise, l'affabilité aimable,

et cette bonté qui la faisait appeler la *bonne* Joséphine : il a montré
sa science en modelant dans une forme excellente les bras, le cou, la
poitrine que laisse nus la robe, et il a adroitement dissimulé ce qu'il
y avait de mesquin dans le costume par la noble et simple draperie
d'un manteau aux larges plis : la créole se reconnaît au gracieux
laisser-aller de son maintien, la souveraine à la dignité naturelle de
sa démarche, la femme dévouée à la douce expression de son sourire.

Du reste, parmi les jeunes statuaires au talent sérieux, dignes
d'être encouragés, plusieurs ont cherché à allier le mouvement,
l'expression animée des passions à la grâce et à la beauté : ainsi,
M. E. Robert, dans son élégante *Fortune*, et M. Fabisch, dans sa
Fille de Jephté qui s'élance au-devant de son père en dansant et en
chantant ; si les draperies sont un peu épaisses et la pose apprêtée,
la jeune fille ne manque ni d'entrain, ni de grâce, ni de légèreté ;
puis M. Marcellin, dans son groupe de *Zénobie retirée de l'Araxe*,
juste de mouvement, énergique d'attitude ; M. Huguenin, dans sa
Suzanne, et M. Cotte, dans son *Jeune Marocain*. M. Huguenin a représenté *Suzanne* au moment où elle aperçoit les vieillards ; d'un
mouvement rapide comme la pensée, instantané, elle s'élance pour
saisir ses voiles et se dérober à leurs impudiques regards. Un tel
sujet prêtait au mélodrame : la vivacité de la passion n'est-elle pas
d'accord avec la violence de l'action ? Mais ce qui a préoccupé l'artiste, c'est l'impression élevée qu'il devait produire : Suzanne est
troublée jusque dans le plus profond de son âme, elle fuit en jetant,
comme un trait, un regard de côté, sentiment naturel à la femme
chaste qui voudrait voir s'entr'ouvrir la terre pour s'y cacher ; son
visage exprime le dédain, l'effroi, la pudeur ; mais la vivacité du
geste n'ôte rien à la distinction des formes, et, dans le mouvement
rapide qui l'emporte, la jeune fille a conservé la grâce et la beauté
qui la faisaient admirer.

Le *Jeune Marocain* de M. Cotte fait voir les ressources que la
sculpture peut trouver dans l'étude intelligente des races africaines :
le costume bizarre et pittoresque qui ne couvre qu'à demi des membres fermes, colorés par le soleil, le type nettement caractérisé
l'expression animée du visage, la pose naturelle, tout plaît et attire

dans ce jeune garçon qui joue avec des petits lapins ; il rit, il est gai, il jouit de la vie ; cette jolie statue est une des œuvres les plus agréables et les plus originales de l'Exposition.

Enfin, on ne saurait mieux terminer cette rapide revue que par la dernière œuvre d'un artiste mort il y a deux ans à peine, et qui a laissé un nom illustre et respecté, le sculpteur Rude : il ne s'agit pas de son *Amour dominateur* et de son *Hébé* ; quelque supérieure qu'en soit l'exécution, ils ne nous touchent pas : l'*Amour dominateur* n'est qu'un adolescent fier de sa jeunesse et de sa beauté ; on cherche en vain le dieu dont le *génie*, selon l'expression de l'artiste, *féconde toute la création* ; et le sentiment qu'éprouve l'*Hébé* enlevée sur les ailes de l'aigle n'est pas assez déterminé pour nous impressionner vivement : on ne sait si c'est du plaisir ou du dépit. Mais, avant de mourir, Rude a laissé un Christ en marbre digne de son meilleur temps : cette tête, car il n'a représenté que la tête et la moitié du torse, où la douleur physique, si fortement exprimée pourtant, est impuissante à effacer l'empreinte éternelle de la divinité ; où la majesté du front, la sérénité du visage, la beauté des traits rendent visibles la pensée et l'amour du Sauveur des hommes ; cette seule tête suffit pour rappeler les grandes qualités du sculpteur de l'Arc de triomphe, sa ferme volonté, sa force de sentiment, son énergie d'expression, et pour augmenter encore, s'il est possible, les regrets qu'a inspirés la perte d'un des maîtres contemporains qui ont le plus honoré la sculpture française.

PARIS, IMPRIMERIE PAUL DUPONT,
Rue de Grenelle - Saint - Honoré, 45.